영어는 영화다

영어는
영화다

미국 초등학교 5학년생도 아는 영문법

김유경 지음

이 책을 내면서

내가 중·고등학교 시절 제일 싫어했던 과목은 영어였다. 명사요, 부사요, 관계대명사요 하는 말들이 도무지 재미도 없고 머리에 잘 들어오지도 않았다. 앞으로 우리 나라가 잘살게 되면 영어 같은 건 배울 필요도 없을 텐데, 뭘. 그런 막연한 배짱에 영어 공부는 시험 전날 잠시 참고서 들여다보는 정도로 끝냈다.

그러던 내가 고등학교 2학년 중간에 가족과 함께 미국으로 이민을 떠나게 되었다. 미국에 가서 신기했던 것은, 그렇게 싫어하며 배운 영어였는데 외국 학생들이 치르게 되어 있는 영어 시험에서 점수가 그리 나쁘게 나오지 않았다는 사실이다. 아무리 싫어했어도 4년 동안 뭔가 주워 들은 것은 있었나 보다.

문제는 교실에 들어가서였다. 1972년 가을, 한창 대통령 선거 열기가 뜨거웠던 미국에서 사회 수업 시간에 내가 알아들을 수 있었던 말은 딱 네 마디밖에 없었다. 닉슨, 맥거번, 데모크라틱 파티, 리퍼블리칸 파티. 그렇게 몇마디 알아듣지 못한 채 꼬박 한 시간을 채우는 나날이 계속됐다.

어느 날 정신이 퍼뜩 들었다. 영어를 못하면 이 나라에서 항상 방문객처럼 살 수밖에 없을 것 아닌가. 나는 이 나라에 살러 왔는데……. 기초부터 영어를 새로 닦아 나가자. 그래서 미국 초등학생들이 쓰는 문법책을 사서 공부하기 시작했다. 아는 것도 많았지만 의외로 간단한 사실을 모르고 있었던 것이 제법 많았다. 그 책을 두 번 떼고 나니 왠지 영어에 대한 두려움이 수그러들었다.

그 책에는 어려운 문법 용어는 별로 없었고 아주 기본적인 문법 규칙들만 나와 있었다. 오늘날 한국에서 영어를 배우는 사람 중에 그 시절 나처럼 영어를 배우긴 했는데 기본이 안 되어 있는 사람이 의외로 많으리라 생각한다. 그들을 위해 나는 이 책을 썼다.

쉽고 기억하기 좋게 설명된 영문법 책. 일단 이 책의 내용만 제대로 기억해도 기본적인 영어 읽고 쓰기에 겁이 나지는 않을 것이다. 이 정도 안 다음에는 이 내용을 가지고 영어 연습을 하고 자꾸 영어를 듣고 읽다 보면 좀더 복잡한 영어 문장들도 이해할 수 있을 것이다.

아무리 우리 나라가 잘살게 된다 해도 영어를 안 하고는 살기 힘든 세상이 우리 앞에 있다. 영어는 영화다. 영화에 가볍게 접근하듯, 영어에 다가가 보자.

2005년 겨울
김유경

c·o·n·t·e·n·t·s

이 책을 내면서 · 4

Part 1 영화의 기본 짜임새

1. 영어라는 영화 · 12
2. 주인공은 누가 되는가? · 13
3. 유명한 주인공 · 14
4. 내 이름은 고유명사 · 15
5. 추상적인 주인공 · 18
6. 뭉쳐 있는 주인공 · 20
7. 대용품 주인공 · 22
8. 액션! · 26
9. 햄릿의 동사 · 28
10. 햄릿은 혼자 다니지 않는다 · 30
11. 동사를 졸졸 따라다니는 목적어 · 32
12. 주인공을 분장시키자! · 35
13. 분장술의 종류 · 37
14. 분장술이 햄릿을 만났을 때 · 40

영어는 영화다

15. 동사에 양념을 뿌리면 감칠맛이 난다 · 44
16. 앞에서 알짱댄다고 미워하지 마세요 · 48
17. 풀칠하기 · 52
18. 와아, 완성이다! · 55
19. 간단히 정리해 보면 · 57

Part 2 변화의 법칙

1. 주인공 명사의 변화 · 64
2. 반항아는 명사 가운데도 있다 · 69
3. 품격 있는 명사? · 71
4. 대명사의 변화 · 77
5. 대명사의 격조 · 79
6. 너 자신을 알라! · 84
7. do 동사의 변화 · 87
8. be 동사의 변화 · 92
9. 주인공과 액션의 화학 작용 · 98

c·o·n·t·e·n·t·s

10. 동사끼리의 결탁 · 102
11. 분장술과 양념의 변화 · 106
12. 동사를 호위하자 · 112
13. 왕관 씌우기 · 116
14. 문장의 변화 · 121
15. 구구절절 · 127
16. 술 마시는 아빠는 술부? · 129
17. 구구절절 문장 엮기 · 131

Part 3 변덕에는 유연하게

1. 단어의 변덕 · 136
2. 대명사의 변덕 · 139
3. 햄릿이 부러운 동사들의 변덕 · 141
4. 헷갈리게 하는 형용사 · 144
5. 형용사의 위치 변덕 · 147
6. 구구한 변덕 · 150
7. 전치사의 변덕 · 152
8. 줄여쓰기 · 154

영어는 영화다

Part 4 영화 촬영 준비

1. 배우 챙기기 · 158
2. 대역 수배 · 162
3. 액션 연습 · 166
4. 분장사는 왔나? · 172
5. 양념병 가져와라 · 174
6. 알짱대는 아이들 어디 갔나? · 177
7. 풀칠할 준비! · 180
8. 느낌표 부대 출동 · 183
9. 대문자 쓰기 · 185
10. 영화 종류 살펴보기 · 187
11. 주인공과 액션 재점검 · 188

Part 5 영화 촬영!

1. 쥐의 인생 · 194
2. 권투선수와 젓가락 · 200
3. 나의 영화 · 202

Part 1

영어는 영화다. 둘은 기본이 닮았다.
자, 우리는 이제 그 영화를 찍기 위해 원대한 첫발을 내디디고 있다.
우선 영화의 기본 짜임새부터 알아보기로 하자.
언젠가 예술성을 발휘하는 감독이 되려면 근본을 잘 알아 두어야
하지 않겠는가.

영어만 봐도 골치가 아파지는 사람은 일단 한국어만
읽어내려가도록 하자.
1장 끝 총정리에 이르러 그 내용이 잘 이해되지 않으면 또 한 번
처음부터 찬찬히 읽어 본다.

내용 파악이 잘 되었다고 생각하면 영어를 봐도 골치가 약간
덜 아플 것이므로 그때는 영어로 쓰여진 부분까지
포함하여 다시 읽도록 한다.

영화의 기본 짜임새

1. 영어라는 영화
2. 주인공은 누가 되는가?
3. 유명한 주인공
4. 내 이름은 고유명사
5. 추상적인 주인공
6. 뭉쳐 있는 주인공
7. 대용품 주인공
8. 액션!
9. 햄릿의 동사
10. 햄릿은 혼자 다니지 않는다
11. 동사를 졸졸 따라다니는 목적어
12. 주인공을 분장시키자!
13. 분장술의 종류
14. 분장술이 햄릿을 만났을 때
15. 동사에 양념을 뿌리면 감칠맛이 난다
16. 앞에서 알짱댄다고 미워하지 마세요
17. 풀칠하기
18. 와아, 완성이다!
19. 간단히 정리해 보면

01 영어라는 영화

모든 영화에는 주인공이 있다. 주인공은 감독의 "액션!" 한 마디에 연기를 하고 그러한 장면들이 모여 한 편의 영화를 이룬다.

영어의 문장도 영화와 마찬가지로 주인공이 있다. 그 '주인공'이 무엇을 '하는' 것이 바로 하나하나의 문장을 이룬다. 영어 문장 하나하나는 영화의 한 장면, 한 장면이다.

> **I go.** 나는 간다.
> **The Rabbit runs.** 토끼가 뛴다.
> **Minsoo thinks.** 민수는 생각한다.
> **Taeji sings.** 태지는 노래한다.

영어의 문장은

주인공 + 액션 + 마침표(.)

가 기본을 이룬다. 아무리 복잡한 문장도 결국 이러한 기본형에 양념을 치거나 변화를 준 것이다. 이때 문장의 시작은 반드시 대문자로 써준다.

02 | 주인공은 누가 되는가?
– 주어

영화의 주인공은 미녀 배우와 미남 배우가 되는 게 보통이지만 케시 베이츠나 로버트 드 니로처럼 통상적 미녀·미남이 아닌 경우도 있다. 그런가 하면 강아지나 말, 고양이, 쥐 등이 주인공으로 나오는 영화도 있다. 다큐멘터리 영화에서는 '맥주의 세계'라든지 '2차 세계대전' 또는 '희망을 찾아서'와 같이 맥주나 전쟁, 희망이 주인공이 되기도 한다.

영어 문장의 주인공도 이와 비슷하여 어떤 사람이나 동물, 물건, 사건, 개념 등이 모두 주인공이 될 수 있다.

영화의 주인공을 주연이라 하듯, 문장의 주인공은 '주어'라고 부른다.

> 이 개 dog 가 그를 도왔다.
> 2차 세계대전 World War II 은 그의 삶을 망가뜨렸다.
> 희망 hope 이 그녀의 영혼을 살렸다.

03 | 유명한 주인공
– 명사

나, 토끼, 민수, 태지, 맥주, 2차 세계대전, 희망

이러한 주인공들 중에서 '나'를 뺀 나머지는 누구나 알아주는 이름있는 명사이다.
어? 최민수는 유명하지만 다른 민수들은 아니라고요? 명사란 '유명한 사람'이라는 뜻 말고 다른 뜻도 있다.

세상 모든 사물에는 이름이 있다. 사람들이 이름을 가졌듯 책을 펴놓고 공부하는 상은 '책상(desk)'이라는 이름을 가졌다. 몸통에 비해 유난히 긴 귀를 가졌고 눈알이 빨갛고 깡충깡충 뛰어다니는 동물은 '토끼(rabbit)'라고 부른다. 이렇듯 사물의 이름을 나타내는 낱말을 **명사(noun)**라고 한다.

옛날 옛적 인간의 조상들은 주변 사물에 하나하나 이름을 붙였다. 사물뿐만 아니라 기쁨(joy), 슬픔(sadness), 분노(anger) 따위와 같은 감정에도 이름을 붙였고 민주주의(democracy), 공산주의(communism)와 같은 개념에도 이름을 붙였다.
이렇게 만들어진 명사들은 결국 영어 문장의 주인공들이 되는 영광을 누리게 되었다.

04 내 이름은 고유명사

주윤발, 현대자동차, 한강, 중국, 연세대학교…….
위에 나열한 것들은 어떤 사람, 자동차 회사, 강, 나라, 대학교의 고유 이름들로, 이것들은 모두 명사이다. 이러한 고유의 이름을 **고유명사**라고 부르는 것은 자연스런 일이다.

> **Bill Clinton** 빌 클린턴
> **Korea** 한국
> **Mississippi River** 미시시피 강
> **Yong Joon Bae** 배용준

이 지구상에 살고 있는 60억이 넘는 인구 대부분이 모두 고유의 이름을 가지고 있다. 그 밖에도 고유의 이름을 가진 것들이 수없이 많으므로 이 세상에는 엄청나게 많은 고유명사가 존재하는 셈이다.

Monday(월요일), Tuesday(화요일) 같은 요일이나 January(1월), February(2월) 같은 달도 고유명사에 속한다.

이에 반해 보통의 사람, 동물, 장소, 물건, 개념 등에 일반적인

이름을 붙인 것은 **보통명사**라고 한다.

person 사람	student 학생	mom 엄마
girl 소녀	animal 동물	dog 개
pig 돼지	fly 파리	fish 생선
salmon 연어	place 장소	school 학교
village 마을	house 집	river 강
thing 물건	desk 책상	pencil 연필
computer 컴퓨터	tree 나무	rice 쌀

고유명사의 특이한 점은 반드시 **첫 글자는 대문자로 시작한다**는 것이다. 따라서 자신의 이름이나 학교 이름 같은 고유명사를 영어로 쓸 때는 반드시 대문자로 시작해야 한다.

보통명사	고유명사
숙녀(lady)	신애라(Aera Shin)
개(dog)	쫑쫑이(Chongchong)
산(mountain)	에베레스트(Mount Everest)
컴퓨터(computer)	애플(Apple Computer)
학교(school)	리라 초등학교(Lira Elementary School)
공휴일(holiday)	크리스마스(Christmas)
도시(city)	인천(Inchon)

사람 이름을 쓸 때, 영국 사람이나 미국 사람들은 우리와 달리 이름(first name 또는 given name)을 먼저 쓰고 성(last name

또는 family name)을 뒤에 써 준다. 이때 이름과 성 모두 대문자로 시작한다. 에베레스트 산이나 리라 초등학교처럼 여러 단어로 이루어진 고유명사는 모든 단어를 대문자로 시작한다.

연습

최근 본 영화에서 나온 고유명사 다섯 개를 영어로 적어 보자.

_____

_____

잠깐!

윤미진이란 이름을 영어로 쓸 때 Mijin Yoon이라고 쓰든가 Yoon, Mijin이라고 쓰면 성이 Yoon이고 이름이 Mijin임을 영미인들이 쉽게 안다. 그들은 성을 먼저 쓸 때는 쉼표를 넣어서 표시한다. Robert Kennedy 또는 Kennedy, Robert로 쓰는 것이다. Mijin, Yoon이라고 쓰면 성이 Mijin인 것으로 오해한다.

05 | 추상적인 주인공
– 추상명사

사람, 동물, 장소, 물건을 나타내는 명사들은 실제 우리가 보거나, 만지거나, 맛보거나, 듣거나, 냄새 맡을 수 있는 구체적인 것들이다.
라디오(radio), 라면(ramen), 피아노(piano), 오이(cucumber), 불(fire), 하늘(sky) 등은 그 낱말을 듣는 순간 누구나 그것의 모양을 떠올릴 수 있다.

반면에 개념(idea)이나 느낌(feeling), 감정(emotion), 질(quality)을 가리키는 다음 낱말들을 들으면 어떤가?

> **beauty** 아름다움
> **happiness** 행복
> **ability** 능력
> **anger** 분노
> **love** 사랑
> **speed** 속도

이러한 명사들은 그림으로 그릴 때 구체적으로 묘사하는 것이 불가능하므로 추상화로 표현하는 수밖에 없다. 그래서 이러한 명사들을 추상명사라고 부른다.

그렇다면 radio, ramen, piano, cucumber, fire, sky 등은 추상명사의 반대인 **구상명사**라고 할 수 있을까? 물론이다. 꼭 원한다면 그렇게 불러도 된다.

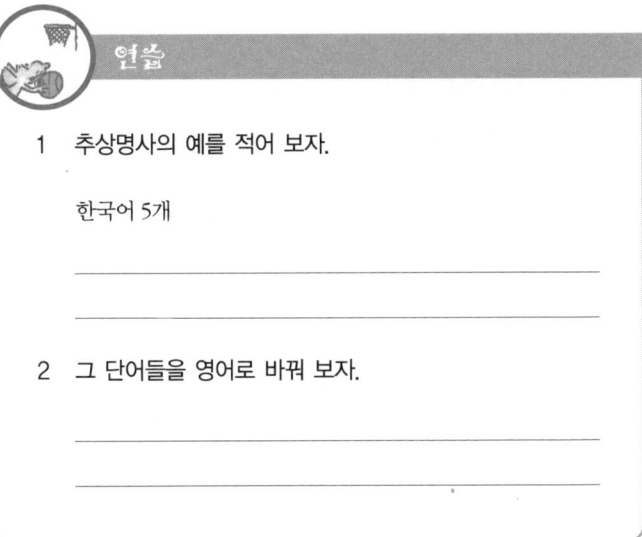

1 추상명사의 예를 적어 보자.

   한국어 5개

   _____

   _____

2 그 단어들을 영어로 바꿔 보자.

   _____

   _____

06 | 뭉쳐 있는 주인공
– 집합명사

한 사람이 아니라 애덤스 가족이나 심슨 가족처럼 한 가족이 영화의 주인공이 되는 경우도 있다.

영어 문장의 주인공도 사람, 동물, 물건의 집단이 될 수 있다.

> **family** 가족
> **choir** 합창단
> **audience** 청중
> **crowd** 군중
> **team** 팀
> **bunch** 다발·송이
> **bundle** 묶음
> **class** 학급

이렇게 사람 또는 사물의 집합체를 나타내는 명사를 **집합명사**라고 부른다.

영어는 영화다

연습

1. 집합명사의 예를 한국어로 3개만 더 생각할 수 있는가?

   _____

2. 영어로 적어 보자.

   _____

07 대용품 주인공
- 대명사

주인공들 중에서 '나(I)'를 제외한 나머지는 모두 명사라고 했다. 그럼 '나'는 무엇일까? 내게는 이름이 있다. 그 이름 대신에 한마디로 '나'라고도 하는데, 이처럼 명사 대신 그 자리를 채워 주는 대용품 명사를 대명사(pronoun)라고 부른다.

I 나
you 너
he 그 남자
she 그 여자
it 그것

we 우리
you 너희들
they 그(것)들

I go. 나는 간다.
You go. 너는 간다.
We go. 우리는 간다.

위에 나오는 대명사는 말하는 자신(I)이나 상대방(you), 그리고 제3자를 구별하여 나타내는 대명사들로 사람을 가리키는 대명사이므로 인칭대명사라고 한다.

1인칭 : **I / we** 나/우리
2인칭 : **you** 너/너희들
3인칭 : **he / she / it / they** 그/그녀/그것/그들

나 자신을 가리키는 대명사 'I'는 항상 대문자로 쓴다.

대명사 중에서 this(이것)와 that(저것)은 이것이냐 저것이냐 지시해 준다고 해서 **지시대명사**라고 부른다.

또한 불특정한 것을 가리키는 대명사들도 있는데, 이들은 사람 또는 사물을 막연히, 부정확하게 가리킨다고 하여 **부정대명사**라는 이름이 붙었다.

all 모두
anybody 아무라도
nobody 아무도
something 무엇인가
everything 무엇이든지
some 일부

그런가 하면 의문을 나타내는 대명사들은 **의문대명사**라고 한다.

who 누구
what 무엇

which 어느 것
whom 누구를
whose 누구의

모든 명사는 그것을 대신해 줄 수 있는 대명사를 가지고 있다. 이때 남자를 가리킬 때는 he, 여자는 she, 사물은 it이라는 대명사를 쓴다.

명사	대명사
Minsoo	he
Margaret Cho	she
beer	it
hope	it

대명사가 없었다면 이렇게 길게 말할 것을

Minsoo said that Minsoo **was going to give** Minsoo's **dogs** Minsoo's dogs' **food.**
민수는 민수의 개들에게 민수의 개들의 먹이를 줄 거라고 말했다.

대명사가 있는 덕분에 이렇게 간단히 말할 수가 있다.

Minsoo said that he **was going to give** his **dogs** their **food.**
민수는 그의 개들에게 그들의 먹이를 줄 거라고 말했다.

다음 명사를 대신해 주는 대명사는 무엇일까?

1. mother _____
2. my phone _____
3. I and my sister _____
4. my brother and his friend _____
5. Princess Diana _____

주인공에 대한 정리

영어 문장의 주인공, 즉 주어는 명사 또는 대명사가 맡는다.

1. 명사에는 고유명사와 보통명사가 있다.
2. 보통명사는 추상적일 수도 있고, 구상적일 수도 있다.
3. 명사는 또한 뭉쳐 다니는 집합명사일 수도 있다.
4. 대명사에는 인칭대명사(인물을 가리킴), 지시대명사(이것, 저것과 같이 사물을 가리킴), 부정대명사(불특정한 것), 의문대명사(의문을 담고 있음)가 있다.

정답 _ 1. she 2. it 3. we 4. they 5. she

08 | 액션!
– do 동사

액션 영화의 주인공들은 싸우고(fight), 죽이고(kill), 도망가고 (escape), 사랑하고(love), 미워하고(hate), 울고(cry), 떠나고 (leave) 등등으로 바쁘다. 이렇게 움직임을 나타내 주는 낱말들을 동사(verb)라고 부른다.

움직임에는 뛰다(run), 던지다(throw), 소리치다(scream), 수영하다(swim)처럼 몸을 크게 움직이는 것이 있는가 하면 듣다 (listen), 자다(sleep), 읽다(read), 꿈꾸다(dream), 생각하다 (think), 보다(look), 좋아하다(like)와 같이 조용한 육체적·정신적 움직임도 있다.

이들은 모두 무엇인가를 하는 것을 나타내는 동사들로 영어로 '하다'는 'do'이므로 이러한 동사들을 'do 동사'(미국에서는 일반동사라는 말을 쓰지 않는다)라고 부른다.

연습

1. 최근에 본 영화나 드라마에서 어떠한 액션이 벌어졌는가? 한국어로 동사를 5개 적어 보자.

   _____

2. 이를 영어로 적어 보자.

   _____

   _____

잠깐!

동사는 주인공 없이 혼자서 문장을 이룰 수 있다.

> **Go!** 가!
> **Cry!** 울어!
> **Swim!** 수영해!
> **Read!** 읽어!
> **Think!** 생각해!

이처럼 명령조의 문장에서는 주인공이 생략될 수 있으므로 동사 단 한 단어로도 문장을 만들 수 있다.

09 | 햄릿의 동사
– be 동사

셰익스피어의 명작 『햄릿』을 연극이나 영화로 보면 칼싸움을 비롯한 온갖 액션이 나온다.
그렇지만 '햄릿' 하면 떠오르는 문구는 바로 "죽느냐, 사느냐, 그것이 문제로다."이다.

To be or not to be, that is the question!

여기에 나오는 be도 동사의 하나이다. 어린아이들도 뜻모르며 따라하는 이 독백을 글자 그대로 우리말로 바꾼다면 "있느냐 있지 않느냐, 그것이 문제로다."이다.
여기에서 짐작할 수 있는 것은 be가 존재와 관련된 동사일 것이라는 사실이다.

'do 동사'가 움직임을 나타낸다면 'be 동사'는 존재의 상태를 나타낸다. 우리말로는 '이다', '있다' 또는 '어떠어떠하다'로 해석된다.

'do 동사'는 엄청나게 많지만 'be 동사'는 바로 be 하나뿐이다. be가 변하고 변하여도 여덟 가지 형태밖에 없다.

영어는 영화다

가장 흔하고, 인기 있고, 간단한 동사 be의 변형을 총집합시켜 보자.

be   am   are   is   was   were   being   been

'be'가 언제 어떻게 다른 일곱 가지 형태로 변하는지는 나중에 보기로 하고, 지금은 문장에서 쓰이는 모습을 구경만 해보기로 하자.

I am handsome. 나는 잘생겼다. (~이 어떠하다)
She is Julia Roberts. 그녀는 줄리아 로버츠이다. (~이다)
There is Yongpil Cho. 저기에 조용필이 있다. (~이 있다)

다음 문장에 나오는 액션은 do 동사일까, be 동사일까?

1. 그는 그녀를 찾아 나섰다. _____
2. 그는 그곳에 갔다. _____
3. 그녀는 그곳에 없었다. _____
4. 그는 슬펐다. _____

정답_ 1. do 2. do 3. be 4. be

10 | 햄릿은 혼자 다니지 않는다 - 보어

햄릿은 덴마크의 왕자로 죽느냐, 사느냐의 고독한 고민을 하였지만 왕자의 행차에는 보통 경호원이나 수행원들이 따르게 마련이다.

햄릿의 동사인 'be 동사'도 혼자서는 잘 다니지 않는다. 그럼 누구를 데리고 다닐까?

보조역을 하는 보어와 함께 다니는 경우가 대부분이다.

> **Hamlet is.** 햄릿은 있다(또는 이다).

이 문장은 주인공+동사+마침표가 있는 완벽한 문장이지만 그 정확한 뜻이 무엇인지, 왜 그 문장이 쓰여졌는지는 잘 알 수가 없다. 앞뒤에 나오는 말로 그 뜻을 짐작하는 것 말고는 다른 방법이 없다. 이럴 때 be 동사인 is 다음에 보충 설명을 해주는 말, 즉 보어를 써 주면 뜻이 확실한 문장으로 변한다.

> **Hamlet is** Hamlet. 햄릿은 햄릿이다.
> **He is** Hamlet. 그는 햄릿이다.

이처럼 쓸 수 있는데, 위의 두 문장에서는 물론 밑줄친 Hamlet 이란 고유명사가 보어 역할을 하고 있다.

Yongpil is a singer. 용필은 가수이다.
Julia is an actress. 줄리아는 여배우다.

위 문장에서는 singer와 actress라는 명사가 보어 역할을 하고 있음을 알 수 있다.

보어에 밑줄을 쳐 보자.

1. He was a teacher.
2. Diana was a princess.
3. I am Yongsoo.

정답_ 1. teacher 2. princess 3. Yongsoo

II 동사를 졸졸 따라다니는 목적어

따라다니다(follow)라는 행동은 '누구를'이라는 대상이 있어야만 성립한다.

사랑하고(love), 좋아하고(like), 미워하고(hate), 떠나고(leave)와 같은 행동도 '무엇을' 또는 '누구를'이라는 대상이 있기에 유발되는 것이다.

> **follow** Hamlet. 햄릿을 따라다닌다.
> **love** her. 그녀를 사랑한다.
> **like** him. 그를 좋아한다.
> **hate** beer. 맥주를 싫어한다.
> **leave** you. 너를 떠난다.

이렇게 동사가 나타내는 행동의 대상이 되는 말을 목적어라고 한다. 그러니까 목적어가 'do 동사'를 졸졸 따라다니는 것이다. 목적어에는 명사(또는 대명사 : "명사가 가는 곳에 대명사도 간다!")가 쓰인다.

연습

목적어에 밑줄을 쳐 보자.

1. I love him.
2. Hamlet killed somebody.
3. He hates beer.
4. Beer loves me.
5. My cell phone likes her.

정답 _ 1. him 2. somebody 3. beer 4. me 5. her

문장 구성의 예 1

주어	+동사	+목적어 또는 보어 +마침표
명사/대명사	+do 동사/be 동사	+명사/대명사+마침표
Julia 줄리아 I 나 Rabbit 토끼 My friend 내 친구	go 가다 run 뛰다 think 생각하다 like 좋아하다 be ~이다, 있다	Minsoo 민수 my friend 내 친구 girl friend 여자 친구

I go. 나는 간다.
I am Minsoo. 나는 민수이다.
Minsoo likes me. 민수는 나를 좋아한다.
The rabbit runs. 토끼가 뛴다.
The rabbit is my friend. 토끼는 내 친구다.
My friend loves the rabbit. 내 친구는 토끼를 사랑한다.
Minsoo thinks. 민수는 생각한다.
Minsoo is my boy. 민수는 내 아들이다.
Julia performs. 줄리아는 연기한다.
Yumi is not my girl friend.
유미는 내 여자 친구가 아니다.
My girl friend likes Yong Joon Bae.
내 여자 친구는 배용준을 좋아한다.

I2 주인공을 분장시키자!
- 형용사

애니메이션이든 액션 영화이든 영화의 주인공들은 분장을 한다. 영어 문장에서도 주인공을 분장시킬 수 있다.

> busy Cinderella 바쁜 신데렐라
> old mother 나이 든 어머니
> pretty princess 예쁜 공주
> cold weather 추운 날씨

이렇게 주인공인 명사나 대명사를 꾸며 주는 역할을 하는 단어들을 **형용사(adjective)**라고 한다.

형용사는 다음 세 가지 질문에 답해 준다.

1) 어떤 종류의 / 어떠한

> cold juice 차가운 주스
> fast rabbit 빠른 토끼
> nice boy 착한 소년

2) 몇 개의

> two cookies 두 개의 과자
> many peoples 많은 사람들
> one chance 한 번의 기회

3) 어느 것

> This apple is good. 이 사과는 맛이 좋다.
> I like that one. 난 저것이 좋다.
>
> (this와 that을 어디서 본 듯하지 않은가? 어디였을까?)

연습

영화나 드라마 주인공을 꾸며 주는 형용사를 생각해 보자.

1. 영화 〈반지의 제왕〉에서 프로도(Frodo)는 어떠한 소년이었을까? 형용사 세 개만 써 보자.

_____

정답 _ small, short, cute, smart 등

13 | 분장술의 종류
– 형용사의 활용

앞에서 보았듯이 형용사는 일반적으로 명사 앞에 붙여 주어 명사를 꾸며 준다. 이런 일반적 형용사의 예를 더 들면 다음과 같은 것들이 있다.

> **happy** 기쁜, 행복한　**bitter** 쓴
> **warm** 따뜻한　　　**blue** 푸른
> **wet** 젖은　　　　　**sweet** 달콤한
> **huge** 커다란　　　**red** 빨간

그런가 하면 this와 that을 데려다 명사 앞에서 이것이다 저것이다 가리키도록 만드는 분장술도 있는데, 이런 것들을 **지시형용사**라 부른다. 참, this와 that을 어디에서 봤는지 기억이 났는가? 바로 지시대명사 아닌가?

> **this car** 이 자동차
> **that computer** 저 컴퓨터

고유명사를 모셔다 명사 앞에 놓아 명사를 빛나게 하는 방법도 있다.

Hollywood **actress** 할리우드의 여배우
Daegu **apple** 대구 사과
Texas **cowboy** 텍사스 카우보이

형용사를 줄줄이 명사 앞에 달아 주어 분장을 있는 대로 시켜 주면 안 될까?
물론 된다. 다만 우리말에서는 '두 명의 키 큰 텍사스 카우보이'나 '키 큰 텍사스 카우보이 두 명'이나 모두 같은 말이지만, 영어에서는 다음과 같이 수를 나타내는 형용사를 먼저 밝혀야 한다.

two tall Texas **cowboys** 두 명의 키 큰 텍사스 카우보이
three delicious red **apples** 세 개의 맛있는 빨간 사과

그러면 'three delicious red apples'하고 'three red delicious apples'하고는 어느 쪽이 맞을까?

주인공, 즉 apple에 가까이 있을수록 더 강조하는 것이 되므로 말하는 사람이 힘주고 싶은 형용사를 주인공 가까이에 두면 된다.

delicious red **apples**은 빨간 사과인데 맛도 좋다는 것이고
red delicious **apples**은 맛있는 사과인데 빨갛다는 소리다.

그게 그거 아니냐고요? 그렇다. 어떻게 쓰든 큰 상관은 없다. 편하게 술술 나오는 대로 하면 된다.

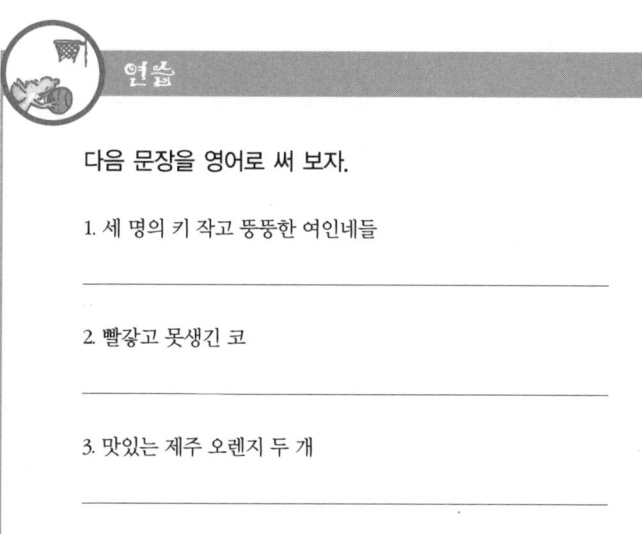

연습

다음 문장을 영어로 써 보자.

1. 세 명의 키 작고 뚱뚱한 여인네들

_____

2. 빨갛고 못생긴 코

_____

3. 맛있는 제주 오렌지 두 개

_____

정답 _ 1. three short, fat women 2. red ugly nose
3. two delicious Jeju orange

14. 분장술이 햄릿을 만났을 때
―형용사의 서술적 용법

주인공을 꾸며 주는 분장술이 명사·대명사가 아니라 햄릿의 be 동사와 만나면 무슨 일이 벌어질까?

> sad Hamlet 슬픈 햄릿
> **Hamlet is sad.** 햄릿은 슬프다.

위와 같이 형용사를 be 동사 다음에 써 주인공을 꾸며 주기도 하는데, 이것을 **형용사의 서술적 용법**이라고 한다.

이때 형용사는 주인공을 분장시키되 동사 뒤에서 동사를 도와 줌으로써 주인공을 설명해 주는 역할을 한 것으로, 이렇게 동사 혼자서 뭔가 뜻이 불충분할 때 보조 역할을 해주는 것을 앞서 말했듯이 보어라고 한다.

be 동사는 보어를 데리고 다니는데, 앞에서 보았듯이 명사나 대명사뿐 아니라 형용사도 뒤에 달고 다니기를 좋아한다. 형용사는 보어 역할에 만족하며 열심히 be 동사를 따라다니므로 우리는 형용사의 서술적 용법을 흔히 볼 수 있다.

영어는 영화다

Julia is an actress. 줄리아는 여배우이다.
주어 + 동사 +　　명사 보어

Julia is famous. 줄리아는 유명하다.
주어 + 동사 + 형용사 보어

Julia is a famous actress. 줄리아는 유명한 여배우이다.
주어 + 동사 +　　〔형+〕　　+ 명사 보어

세 번째 문장에서 '유명한(famous)'은 주인공을 직접 분장시키는 것이 아니라 여배우라는 명사를 분장시키고 있다. 이처럼 형용사는 명사가 어디 있든 그 앞에서 분장술을 펼칠 수 있다.

연습

다음을 영어로 써 보자.

1. 프로도는 귀엽다.

   _____

2. 나는 아름답다.

   _____

3. 그는 키가 크다.

   _____

정답 _ 1. Frodo is cute.　2. I am beautiful.　3. He is tall.

문장 구성의 예 2

주어	+ 동사	+ 목적어/보어	+ 마침표
(형용사+) 명사/대명사	+ do 동사 /be 동사	+ 명사/대명사 /형용사	+ 마침표
A. (형+) 명 B. 대명	1. do 동사 2. do 동사+ (형+)명/대명 3. do 동사+형 4. do 동사+ (형+)명/대명		

A₁. **Elton sings.** 엘튼이 노래한다.

A₁. **Happy Elton dances.** 행복한 엘튼이 춤춘다.

B₁. **He dances.** 그는 춤춘다.

A₂. **Happy Elton loves me.** 행복한 엘튼이 나를 사랑한다.

B₂. **He loves nice people.** 그는 착한 사람들을 사랑한다.

A₃. **Elton is happy.** 엘튼은 행복하다.

B₃. **He is busy.** 그는 바쁘다.

A₄. **Happy Elton is a busy man.**
행복한 엘튼은 바쁜 사람이다.

B₄. **He is a busy man.** 그는 바쁜 사람이다.

분장술에 대한 정리

1. 형용사는 '어떠한/몇 개의/어느 것?'을 말해 준다.
2. 형용사는 명사나 대명사 앞에 온다.
3. 지시대명사 this/that은 지시형용사로도 활약한다.
4. 고유명사가 형용사로 쓰일 수도 있다.
5. 형용사는 여러 개 겹쳐서 쓸 수 있으며, 이 경우 숫자를 나타내는 형용사가 제일 앞에 나선다.
6. 형용사는 be 동사의 보어 역할도 한다.

15 | 동사에 양념을 뿌리면 감칠맛이 난다 – 부사

주인공은 영화를 좀더 실감나게 하려고 분장을 한다. 그렇다면 액션에도 초치고 기름 치면 더욱 신나지 않을까?

주어를 분장시키는 것이 형용사라면 동사에 양념을 치는 것은 부사(adverb)이다.

부사는 다음 세 가지 질문에 답해 주는 양념인 셈이다.

1) 어떻게?

> 어떻게 갔지? 빨리(fast) 갔어.
> 어떻게 말했지? 크게(loudly) 말했어.

2) 언제?

> 언제 읽었지? 최근에(lately) 읽었어.
> 언제 갈래? 곧(soon) 갈 거야.

3) 어디?

>어디 있니? 여기(here) 있어.
>어디 갔니? 저기(there) 가잖아.

부사는 동사에만 양념을 뿌리는 게 아니라 형용사나 다른 부사에도 양념을 뿌린다.

이런 경우 보통 '어떻게?' 또는 '얼마나?'라는 질문에 답한다.

>**very cold beer** 아주 차가운 맥주
>부사 + 형용사 + 명사
>
>**finish too quickly** 너무 빠르게 끝낸다.
>동사 + 부사 + 부사
>
>**very sad Hamlet** 아주 슬픈 햄릿
>부사 + 형용사 + 명사
>
>**He is too sad.** 그는 너무 슬프다.
>대명사+동사+부사+형용사

그렇다고 부사가 아무 데나 여기저기 양념을 뿌리는 것은 아니다. 나름대로 때를 가려 양념 뿌리는 위치를 달리한다. 즉 동사에 양념을 뿌릴 때는 동사의 앞 또는 뒤에 오지만, 형용사나 다른 부사에 양념을 뿌릴 때는 그들 앞에 온다.

연습

다음을 영어로 써 보자.

1. 프로도는 아주 귀엽다.

   _____

2. 그는 아주 차가운 맥주를 굉장히 빨리 마신다.

   _____

3. 그 여자는 아주 빨갛고 못생긴 코를 때렸다.

   _____

양념에 대한 정리

1. 부사는 액션(즉 동사)이 언제/어디서/어떻게 벌어지는지를 말해 준다.
2. 동사 앞에 올 수도 있고 뒤에 올 수도 있다.
3. 부사는 형용사와 부사가 어떻게/얼마나 분장하고 양념 뿌리는지를 말해 줄 수도 있다. 이 경우 형용사/부사 앞에서 양념을 뿌린다.

정답 _ 1. Frodo is very cute. 2. He drinks the very cold beer very fast. 3. She hits the very red ugly nose.

문장 구성의 예 3

주어	+ 동사 [+목적어] [+보어] + 마침표
(부+) (형+) 명사 또는 대명사	do 동사 (부+) (형+) + 명 + be 동사 + (부+) (형+) + 명 +마침표 be 동사 (부+) + 형

Elvis sings happily. 엘비스는 행복하게 노래한다.
Happy Elvis sings happily. 행복한 엘비스가 기쁘게 노래한다.
Very happy Elvis sings very happily.
아주 행복한 엘비스가 아주 기쁘게 노래한다.
He sings very happily. 그는 아주 행복하게 노래한다.
Very happy Elvis is very busy.
아주 행복한 엘비스는 몹시 바쁘다.
He is very busy. 그는 몹시 바쁘다.
Very happy Elvis is a very busy man.
아주 행복한 엘비스는 아주 바쁜 사람이다.

16 | 앞에서 알짱댄다고 미워하지 마세요 – 전치사

영어 문장이라는 초미니 영화를 찍는데 무언가가 여기저기 알짱대기 시작했다. 이들은 스스로를 **전치사(preposition)**라고 부르면서, 자기들은 아무데서나 나타나는 것이 아니고 명사 또는 대명사 앞에서만 알짱대며 단어와 단어 사이의 관계를 나타내 준다고 주장했다.

preposition의 'pre-'는 '미리, 이전의, ~앞에' 등의 뜻을 가지고 있고 'position'은 위치라는 뜻을 가지고 있으므로 전치사는 앞에서 알짱댈 수밖에 없는 운명을 타고난 셈이다.

전치사 앞에서 알짱댈 때 뒤에 오는 명사 또는 대명사를 **전치사의 목적어**라 부른다. 뭔가 복잡하게 들린다고요? 예를 보면 이해하기 쉬울 것이다.

전치사가 나타내 주는 것은 네 가지가 있다.

1) 위치

  in ~안에   **in the room** 방 안에
             전치사+전치사의 목적어

영어는 영화다

on ~위에 　　　　　　on the table 상 위에
near ~가까이에 　　　near you 당신 가까이에
under ~밑에 　　　　 under the bed 침대 밑에
inside ~안에 　　　　inside the house 집 안에
outside ~바깥에 　　 outside its cage 새장 밖에

2) 방향

to ~으로 　　　　　　to my house 우리 집으로
around ~를 돌아서 　around the corner
　　　　　　　　　　　모서리를 돌아서
toward ~을 향해 　　toward the mountain
　　　　　　　　　　　산을 향해서
through ~을 가로질러　through the field
　　　　　　　　　　　들판을 가로질러
past ~을 지나쳐서 　　past the church
　　　　　　　　　　　교회를 지나쳐서

3) 시간

until ~까지 　　　　　until noon 정오까지
during ~동안에 　　　during the concert
　　　　　　　　　　　연주회 동안에

4) 관계

with ~함께 　　　　　with Jinsu 진수와 함께

by ~에 의해   **by Elton** 엘튼에 의해
for ~을 위해   **for me** 나를 위해

Happy Elvis is in the house.
행복한 엘비스가 집 안에 있다.

My watch is on the computer desk.
내 시계는 컴퓨터 책상 위에 있다.

Very happy Elvis walks toward the mountain.
아주 행복한 엘비스가 산을 향해 걸어간다.

My dog sleeps until noon.
내 개는 정오까지 잠잔다.

He sings for me. 그가 나를 위해 노래한다.

연습

다음을 영어로 써 보자.

1. 아주 귀여운 프로도가 방 안에 있다.
   _____

2. 그는 아주 차가운 맥주를 철수와 함께 굉장히 빨리 마신다.
   _____

3. 그녀는 연주회 동안 아주 빨갛고 못생긴 코를 때린다.
   _____

4. 태지가 우리 집으로 걸어온다.
   _____

정답
1. Very cute Frodo is in the room.
2. He drinks the very cold beer very fast with Chulsoo.
3. She hits the very red ugly nose during the concert.
4. Taeji walks to my house.

17 | 풀칠하기
- 접속사

주인공은 멋있게 분장을 하고 액션에는 양념을 쳐서 감칠맛 나는 영화가 되어 가는데, 여기저기 앞에서 알짱대는 녀석이 있더니만 어느 날에는 커다란 풀통을 들고 나타나 풀칠을 하고 다니는 녀석까지 나타났다.

"넌 누구지? 포스터 붙이고 다니냐?"고 물으니 "나요? 나도 내 한목숨 바쳐 내 할 일 하는 거니까 냅둬요. 나 없으면 후회할 일 많을 걸요" 하고 비키지 않았다.

그런데 그 녀석이 나타난 후로 주연들이 서로 붙어 다니거나 양념병, 분장 도구들이 붙어 다니기도 하는 등 온갖 접속 현상이 나타나는 것이 아닌가. 그래서 우리는 그 녀석을 **접속사**라고 부르게 되었다. 그때 나타났던 녀석은 'and'라는 접속사였는데, 알고 보니 접속사는 한 놈만이 아니었다.

1) **and** 와/과

> **Jinsil and Minsoo** 진실이와 민수

2) but 그러나

>He is short but strong. 그는 작지만 힘이 세다.

3) or 또는

>this or that 이것 또는 저것

4) because 왜냐하면

>I dance because you sing.
>난 춤춘다. 왜냐하면 네가 노래를 하니까.

이런 식으로 여러 가지 접속사들이 단어나 문장들을 연결하여 주기도 하는데, 정말로 어떤 때는 접속사가 없으면 아쉽기도 하였다.

접속사가 없다면 다음과 같은 영화를 만들 수 없지 않을까?

>**Elton sings and dances for Jinsil and Minsoo.** 엘튼은 진실이와 민수를 위해 춤추고 노래한다.

연습

다음을 영어로 써 보자.

1. 애라와 수민

___

2. 이 강아지 또는 저 강아지

___

3. 먹고 마시고

___

정답 _ 1. Aera and Soomin 2. this dog or that dog 3. eat and drink

18 | 와아, 완성이다!
– 감탄사

우리는 놀라거나 기쁘거나 슬플 때면 자신도 모르게 "어머나!", "오!"와 같은 외마디 소리를 지른다. 그렇다면 와아, 오, 이크 같은 말들은 영어로 어떻게 할까?

> Oh 오
> Aha 아하
> Wow 와아
> Ooops 이크
> Ouch 아야
> Yuck 아이고 맙소사(더러워, 징그러 등등 부정적 의미)
> Ugh 어크

이렇게 기쁨, 놀람, 슬픔 등을 표시하는 외마디 소리들을 감탄사라고 부른다. 이들은 보통 주인공보다 앞에 나타나 한마디 지른 후 꼬리를 감춘다.

> Oh, I am so happy! 오, 나는 아주 행복해!
> Aha! I see you now. 아하! 이제 네가 보인다.
> Wow, it's really big! 와, 되게 크네!

Ooops! I am sorry. 이크! 죄송합니다.

이런 식으로 쓰이는 것이다. 느낌이 강렬하면 느낌표(!)를 붙이고 약하면 숨표(,)를 쓴다.

연습

다음을 영어로 써 보자.

1. 와! 태지가 우리 집에 오고 있어

_____

2. 오, 당신은 나의 태양!

_____

3. 이크, 그 사람은 너무 늙었어!

_____

정답 _ 1. Wow! Taeji is coming to my home.
2. Oh, you are my sunshine!
3. Oops! He's too old.

19 | 간단히 정리해 보면

영어 문장에는 주인공이 있고 액션이 있다. 주인공은 주어라고 부르고 액션은 **동사**가 맡는다.

동사 중에는 혼자서는 뜻이 불분명하기 때문에 보조자를 달고 다니는 것들이 있는데, 보조자 역할을 하는 말들을 **보어**라고 부른다.

그런가 하면 동사의 액션의 대상이 되는 말은 **목적어**라고 한다.

주어와 동사, 보어, 목적어는 문장을 구성하는 네 가지 요소이다.

영어 문장은 대문자로 시작하고 **마침표**로 끝맺는다.

주어는 사물의 이름을 나타내는 **명사**와 그를 대신해 주는 **대명사**가 맡는다.

명사와 대명사를 분장시켜 주는 말들은 **형용사**라 하고 동사에 양념을 쳐주는 말들을 부사라고 하는데, 부사는 형용사나 다른 부사에도 양념을 친다.

이밖에 전치사가 알짱, 접속사가 풀칠, 감탄사가 외마디를 지르는 등의 일이 문장 안에서 벌어지기도 한다.

명사, 대명사, 동사, 형용사, 부사, 전치사, 접속사, 감탄사 등 '사' 자로 끝나는 여덟 가지 품사를 8품사라고 하며, 이들이 미니 영화를 구성한다.

주어는 앞서 말했듯이 명사 또는 대명사가 맡는데, 그때 명사 앞에서 형용사가 분장술을 펼칠 때도 있다. 그 형용사 앞에 부사가 양념을 뿌릴 수도 있다.

주어 : **very old man** 아주 늙은 남자
부 + 형 + 명사

he 그
대명사

동사는 do 동사 아니면 be 동사가 맡는다. 이때 부사가 양념을 칠 수 있다.

동사 : **sings happily** 행복하게 노래한다
do 동사　　(+부)

is 이다/있다
be 동사

be 동사를 보충해 주는 보어는 명사, 대명사, 형용사가 맡을 수

있다. 이때에도 명사 앞에서 분장술을 펼치는 형용사를 볼 수 있다. 부사는 또 거기에 양념을 칠 수 있다.

> 보어 : **very happy** 아주 행복하다
>   (부+)   형용사
>
> **very happy man** 아주 행복한 사람
> (부+) (형+) 명사
>
> **he** 그
> 대명사

do 동사의 목적어는 명사 또는 대명사가 맡는다. 물론 형용사가 그 사이에 낄 수 있다. 어디에 낄까? 바로 명사 앞이다. 형용사가 끼면 부사도 끼어들 여지가 생긴다.

> 목적어 : **a very long song** 아주 긴 노래
>   부 + 형 + 명사

자, 모두 모여 보세요!

A very old man happily sings a very long song. 아주 늙은 노인이 아주 긴 노래를 즐겁게 부른다.
주어 + 동사 + 목적어 ((부+형+)명 + (부+)동 + (부+형+)명)

He happily sings a very long song.
그는 아주 긴 노래를 즐겁게 부른다.
주어 + 동사 + 목적어 (대명 + (부+)동 + (부+형+)명)

The very old man is a very happy man.
그 아주 늙은 노인은 매우 행복한 사람이다.
주어 + 동사 + 보어 ((부+형+)명 + 동 + (부+형+)명)

The very old man is he.
그 아주 늙은 노인은 그이다.
주어 + 동사 + 보어 ([부+형+]명 + 동 + 대명)

He is he. 그는 그이다.
주어 + 동사 + 보어 (대명 + 동 + 대명)

He is very happy. 그는 아주 행복하다.
주어 + 동사 + 보어 (대명 + 동 + (부+)형)

전치사, 접속사, 감탄사까지 끼어들면

He sings a long song on the stage.
그는 무대 위에서 긴 노래를 부른다.
주어 + 동사 + 목적어 (대명 + 동 + (형+) 명 + (전치+명))

He sings and dances on the stage.
그는 무대 위에서 노래하고 춤춘다.
주어 + 동사 (대명 + 동 + 접속 + 동 + (전치 + 명))

Wow! He sings and dances!
와! 그는 노래하고 춤춘다!
주어 + 동사 (감탄 + 대명 + 동 + 접속 + 동)

위의 내용이 술술 읽히지 않는다면 무언가 기초 중에 이해가 안 된 부분이 있다는 이야기이므로 여기서 앞으로 나아가지 말고 뒤로 돌아서 1장 처음부터 다시 한 번 읽기 바랍니다.

Part 2

영화는 기본 짜임새에 변화가 생기면서 점점 재미있어진다.
영어라는 영화도 마찬가지다.
그 변화에도 법칙이 있다.

영어야, 와라!
나는 변화가 겁나지 않는다.
변화 없는 삶은 죽음이나 같다.

변화의 법칙

1. 주인공 명사의 변화
2. 반항아는 명사 가운데도 있다
3. 품격 있는 명사?
4. 대명사의 변화
5. 대명사의 격조
6. 너 자신을 알라!
7. do 동사의 변화
8. be 동사의 변화
9. 주인공과 액션의 화학 작용
10. 동사끼리의 결탁
11. 분장술과 양념의 변화
12. 동사를 호위하자
13. 왕관 씌우기
14. 문장의 변화
15. 구구절절
16. 술 마시는 아빠는 술부?
17. 구구절절 문장 엮기

01 | 주인공 명사의 변화

사과 한 개, 사과 두 개

이처럼 우리말에서는 사과의 수가 변해도 일일이 사과에 '들' 자를 붙여 하나가 아님을 표시해 주지 않는다.

그러나 영어에서는 하나일 때(단수)와 두 개 이상일 때(복수)를 확실히 구별해 표시한다. 이를 위해서는 명사에 s를 붙이면 된다.

	하나일 때	둘 이상일 때
토끼	rabbit	rabbits
학생	student	students
소녀	girl	girls

경우에 따라서는 s가 아니라 es를 붙여 주는 수도 있다.

버스	bus	buses
접시	dish	dishes
교회	church	churches

| 여우 | fox | foxes |
| 퀴즈 | quiz | quizes |

이처럼 s, sh, ch, x, z로 끝나는 명사를 복수로 만들려면 es를 붙여 준다.

왜 그럴까? bus에 s만 붙이면 buss가 되는데, 이는 bus의 발음과 구별되지 않기 때문이다. 그럴 경우, 중간에 e를 하나 넣어 줌으로써 단수일 때와 복수일 때를 확실히 구별하여 말하고 알아듣게 하는 것이다. s, sh, ch, x, z 등은 모두 s와 유사한 발음을 가졌으므로 es를 붙이는 것이다.

y로 끝나는 명사의 경우, s를 붙이는 것도 있지만 es를 붙이는 것도 있다.

소년	boy	boys
장난감	toy	toys
원숭이	monkey	monkeys
숙녀	lady	ladies
도시	city	cities

그렇다면 왜 어떤 명사에는 s만 붙이고 어떤 명사에는 es를 붙이는 것일까? y 바로 앞에 모음이 있느냐 없느냐가 바로 그 기준이다. 앞에 모음이 있으면 그냥 s만 붙이고, 자음이 있으

면 es를 붙인다. 그런데 이때 주의할 점이 있다. y를 i로 바꿔 주어야 한다는 것이다.

그렇다면 dictionary(사전)라는 명사는 어떻게 될까? y 앞에 r, 즉 자음이 있으니까 y를 i로 바꾸고 es를 붙이면 된다. 결과는 **dictionaries**.

key(열쇠)는? y 앞에 e, 즉 모음이 있으니까 s만 붙여서 **keys**.

명사 중에 f로 끝나는 것은 복수로 만들 때 es를 붙여 주되 f를 v로 바꿔 준다. fe로 끝나면 s를 붙여 주고 f를 v로 바꾼다.

나뭇잎	leaf	leaves
칼	knife	knives
절반	half	halves
아내	wife	wives
지붕	roof	roofs
금고	safe	safes

roof와 safe의 경우는 어떻게 된 걸까? 이는 예외적인 경우로, 앞으로 영어를 계속 배우다 보면 대부분의 영문법 규칙에 예외가 존재한다는 것을 알게 될 것이다.

명사 중에서 o로 끝나는 경우, o 바로 앞에 자음이 있으면 es

를 붙인다. 이때도 예외가 있다.

감자	potato	potatoes
영웅	hero	heroes
피아노	piano	pianos (예외)
사진	photo	photos (예외)
라디오	radio	radios (예외)

물론 명사라 해도 하나 둘 셀 수 없는 명사라면 단수냐 복수냐를 따질 필요가 없다.

복수명사가 활약하는 모습을 보기로 하자.

I have two girl friends. 나는 여자 친구가 둘 있다.

They want to be ladies. 그들은 숙녀가 되길 원한다.

Ladies will become wives some day.
숙녀들은 언젠가 아내들이 될 것이다.

Wives will cook potatoes.
아내들은 감자를 요리할 것이다.

연습

다음을 영어로 써 보자.

1. 나는 가을 나뭇잎들이 좋다.

___

2. 여우 두 마리가 감자 세 개를 먹는다.

___

3. 영웅들은 칼(들)을 사용한다.

___

정답_ 1. I like autumn leaves. 2. Two foxes eat three potatoes. 3. Heroes use knives.

02 | 반항아는 명사 가운데에도 있다

명사를 복수로 만들 때 e 또는 es를 붙이는 규칙에서 벗어나 불규칙적으로 변신하는 반항아들이 있다.

어린이	child	children
사슴	deer	deer
발	foot	feet
생선	fish	fish
거위	goose	geese
이(벌레)	louse	lice
이(이빨)	tooth	teeth
남자, 사람	man	men
쥐	mouse	mice
황소	ox	oxen
양	sheep	sheep
여자	woman	women

이런 반항아들은 보이는 대로 잘 기억해 두는 수밖에 다른 도리가 없다.

연습

다음을 영어로 써 보자.

1. 나이 어린 어린이들은 치아를 20개 가지고 있다.

___

2. 이 여자들은 황소 같다.

___

3. 거위, 생선, 쥐들은 동물(들)이다.

___

정답 _ 1. Young children have 20 teeth.
2. These women are like oxen.
3. Geese, fish, mice are animals.

03 | 품격 있는 명사?
― 주격·소유격·목적격

격조 높은 장소에 우아한 연미복을 입고 나타나는 우리의 주인공, 명사! 누구일까? 공주병에 걸린 명사?

그런 게 아니라 명사에도 격이란 게 있는데 주어로 쓰일 경우 주격, 목적어로 쓰일 경우 목적격이라 부른다. 명사에는 우리가 이미 알고 있는 주격·목적격 말고 소유격이란 것이 하나 더 있다.

소유격은 '누구의' 또는 '무엇의'와 같이 소유를 나타낸다. 예를 들면 다음과 같다.

명사	소유격
장동건	장동건의
토끼	토끼의

이렇게 우리말에서는 '의'자를 붙여 주어 만들지만, 영어에서는 's를 붙여 주어 만든다.

Dongkun's 동건이의(동건이가 소유한)
rabbit's 토끼의(토끼가 소유한)

간단하다고요? 그래요. 그런데 단수일 때와 복수일 때 약간 차이가 있다.

단수의 명사를 소유격으로 만들려면 's 만 붙여 주면 된다.

> **book's pages** 책의 페이지들
> **boss's car** 보스의 자동차
> **ox's tail** 소의 꼬리

복수명사는 두 가지 경우가 있다.

1) 이미 s를 붙여 복수로 만들어져 있는 경우에는 끝에 '(아포스트로피)만 붙여 준다.

> **boys' choir** 소년들의 합창단
> **students' books** 학생들의 책들

2) 반항아들의 경우에는 s가 붙어 있지 않으므로 's를 붙인다.

> **men's shirts** 남자들의 셔츠들
> **oxen's teeth** 소들의 이빨(들)

연습

다음을 영어로 써 보자.

1. 소녀들은 엄마(의) 셔츠를 좋아한다.

   _____

2. 동건이의 토끼는 귀가 하나이다.

   _____

3. 마돈나는 서울 소년합창단과 함께 노래한다.

   _____

정답 1. Girls like mom's shirts. 2. Dongkun's rabbit has one ear. 3. Madonna sings with the Seoul Boys' Choir.

명사의 쓰임새 다시 한 번 정리

1. 명사는 문장의 주어로 쓰인다.

2. 명사는 be 동사 뒤에서 보어로 쓰일 수 있다.

3. 명사는 do 동사 뒤에서 목적어로 쓰일 수 있다.

 그런데 사실 목적어에는 두 가지가 있다. '~을/를'에 대해서는 이미 이야기했으나, 그것 말고도 하나가 더 있다. 즉 '~에게'도 있다.

 He sent the girl roses. 그는 그 소녀에게 장미를 보냈다.

 이 경우 "He sent roses."라고만 쓰면 그가 장미를 보냈다는 것은 알 수 있지만 누구에게 보냈는지는 알 수 없다. 이렇게 '~을/를'에 해당하는 목적어를 동사의 직접목적어라고 하고 '~에게'에 해당하는 목적어는 간접목적어라고 부른다. 명사는 직접목적어로도 쓰이고 간접목적어로도 쓰인다.

보통명사	+ 동사	+ 간접목적어 + 직접목적어 + 마침표
(형+) 명사/대명사	+ do동사	+ (형+) 명/대명 + (형+) 명/대명 + 마침표
war 전쟁 they 그들 terrible war 무서운 전쟁 lovely wives 사랑스런 아내들	give 주다 sell 팔다	many people 많은 사람들 terrible heartache 무서운 가슴앓이 them 그들 sweet apple 달콤한 사과

A war gives many people a terrible heartache.
많은 사람들이 전쟁으로 가슴앓이를 심하게 앓는다.

They sell me sweet apples.
그들은 내게 맛좋은 사과를 판다.

Lovely wives give many people sweet apples.
사랑스런 부인들이 많은 사람들에게 맛좋은 사과들을 준다.

The terrible war gives lovely wives a terrible heartache.
무서운 전쟁으로 사랑스런 부인들이 가슴앓이를 심하게 앓는다.

4. 명사는 그 앞에 전치사가 알짱거리면 당연히 전치사 뒤에 오는데, 이런 경우 전치사의 목적어가 된다고 표현한다.

5. be 동사의 보어로 활약했던 보어는 또 다른 경우에도 보어 역할을 하는데 바로 다음과 같은 경우이다.

The people elected Clinton. 국민들은 클린턴을 선출했다.
I named my son. 나는 내 아들의 이름을 지었다.

그런데 도대체 클린턴을 무엇으로 선출했는지, 이름을 무엇이라고 지었는지 궁금하지 않은가?

The people elected Clinton president.
국민들은 클린턴을 대통령으로 선출했다.
I named my son Taeji.
나는 내 아들을 태지라고 이름 지었다.

여기서 '클린턴'과 '내 아들'은 목적어이다. 그렇다면 '대통령'과 '태지'는 어떤 역할을 하고 있을까. 목적어가 혼자서는 의미가 확실치 않아 꼬집어서 보충해 주는 말, 즉 보어를 채용했으므로 '대통령'과 '태지'라는 명사는 목적어의 보어(~을/를 ~으로) 역할을 한 것이다.

주어	+ 동사	+ 간접목적어 + 직접목적어 + 마침표
(형용사+) 명사/대명사	do 동사	+ (형+) 명사/대명사 + (형+) 명사/대명사 + 마침표
Bruce Wonderful Bruce his wife	call make	Bruce wonderful Bruce you/me/him his wife

They call me Bruce. 그들은 나를 브루스라 부른다.

Bruce made you his wife.
브루스는 너를 그의 아내로 만들었다.

His wife makes Bruce wonderful Bruce.
그의 아내가 브루스를 멋진 브루스로 만든다.

His wife calls him 'Wonderful Bruce.'
그의 아내는 그를 '멋진 브루스'라고 부른다.

6. 명사는 소유격 형태로 만들어져 쓰이기도 한다.

아, 명사는 쓰임새도 많아라!

04 | 대명사의 변화

태초에 명사가 없으면 대명사란 생기지도 않았을 것이다. 이런 운명을 타고났으니 명사가 하는 일을 대명사도 다 따라하지 않겠는가?

명사가 단수에서 복수로 변할 때 달라지는 것처럼 대명사도 단수와 복수가 다르다.

인칭대명사

단수	복수
I 나	we 우리
you 너	you 너희들
he 그 남자	they 그들
she 그녀	
it 그것	

지시대명사

단수	복수
this 이것	these 이것들
that 저것	those 저것들

그러나 부정대명사나 의문대명사는 절대로 변하지 않는다.
문장에서 대명사가 어떻게 쓰이는지 보기로 하자.

> I am the world. 내가 세계이다.
> We are the world. 우리가 세계이다.
> You are handsome. 당신은 잘생겼어요.
> You are all very tall. 당신들은 모두 키가 아주 크군요.
> She is not pretty. 그녀는 예쁘지 않아요.
> They are ugly. 그들은 못생겼어요.
> This is easy. 이것은 쉽다.
> These are hard. 이것들은 어렵다.

연습

다음을 영어로 써 보자.

1. 우리는 한국인이다.

___

2. 그들은 그녀에게 책들을 보낸다.

___

정답 _ 1. We are Koreans. 2. They send her books.

05 | 대명사의 격조

명사가 격을 따진다고 설마 대명사, 너까지? 저는요 따지는 김에 아주 확실히 더 따집니다. 주격, 목적격, 소유격일 때를 철저히 구별하지요.

주격	목적격	소유격	
I 나	me 나를	my 나의	mine 나의 것
you 너	you 너를	your 너의	yours 너의 것
he 그	him 그를	his 그의	his 그의 것
she 그녀	her 그녀를	her 그녀의	hers 그녀의 것
it 그것	it 그것을	its 그것의	
we 우리	us 우리를	our 우리의	ours 우리의 것
they 그(것)들	them 그(것)들을	their 그들의	theirs 그들의 것
who 누구	whom 누구를	whose 누구의	whose 누구의 것

소유격에서 '나의'는 좋은데 '나의 것'은 또 뭐냐고 묻고 싶겠지요?

> The cat is my cat. 그 고양이는 나의 고양이다.
> The cat is mine. 그 고양이는 나의 것이다.

It's their junk. 그것은 그들의 쓰레기(잡동사니)이다.
It's theirs. 그것은 그들의 것이다.

이렇게 쓰는 겁니다. 어이구, 눈치 보여……. 변화를 싫어하는 사람들이 많으니.

그래서 다른 대명사들은 변하지 않기로 했다.

I give her my food. 나는 그녀에게 내 음식을 준다.
She gives them my food. 그녀는 그들에게 내 음식을 준다.
They give it my food. 그들은 그것에게 내 음식을 준다.
They give it theirs. 그들은 그것에게 그들의 것을 준다.

(**Where is my food now?** 내 음식은 지금 어디에 있을까요?)

다시 한 번 도표로 정리해 보자.

		단수		복수	
1인칭	주격	I		we	
	소유격	my	mine	our	ours
	목적격	me		us	
2인칭	주격	you		you	
	소유격	your	yours	your	yours
	목적격	you		you	
3인칭	주격	he, she, it		they	
	소유격	his	his	their	theirs
		her	hers		
		its			
	목적격	him, her, it		them	

다음을 영어로 써 보자.

1. 나는 당신의 아이들을 좋아해요.

   _____

2. 그들은 그녀에게 그들의 파이를 보낸다.

   _____

정답 _ 1. I like your children. 2. They send her their pie.

잠깐!

대명사의 쓰임새 다시 한 번 정리

1. 대명사는 문장의 주어로 쓰인다. 이때는 주격을 사용한다.

   Elton loves the girl. → He loves the girl.

2. 대명사는 be 동사의 보어로 쓰인다. 이때도 주격을 사용한다. 왜 그럴까? 주어를 설명해 주고 있기 때문이다.

   The singer is Elvis. → The singer is he.

3. 대명사는 do 동사의 직접목적어와 간접목적어로 쓰인다. 물론 이때는 목적격을 사용한다.

   Elton loves the girl. → Elvis loves her.
   엘비스는 그녀를 사랑한다.
   Elton sent the girl flowers.
   → He sent her flowers. 그는 그녀에게 꽃을 보냈다.

4. 대명사는 전치사의 목적어로 쓰인다. 물론 목적격을 사용한다.

   The fly is on my plate. → The fly is on it.
   파리는 그것 위에 있다.
   The fly is on my sister. → The fly is on her.
   파리는 그녀 위에 있다.

5. 대명사를 소유격으로 만들어 쓰기도 한다.

   It is my dog. → It is mine. 그것은 내 것이다.

영어는 영화다

"동생과 나는 같은 소녀를 사랑한다." 이런 비극(?)을 영어 문장으로 쓰려면 대명사의 격을 어떻게 써야 할까?

My brother and I love the same girl.

여기서 주어는 동생과 나이므로 '나'는 주격으로 써준다.

그런데 다행히 그녀가 우리 모두를 사랑한다면?

She loves my brother and me.

그녀는 내 동생과 나를 사랑한다. 여기서 '나'는 목적어이므로 목적격을 써준다.

"Who's there?"(누구세요?) "나예요!" 하려면 "It is me."가 맞을까, "It is I."가 맞을까?
be 동사의 보어로 쓰인 거니까 주격, 즉 'I'가 맞는다. 그런데 'me'를 쓰기도 한다. 따지자면 틀린 것이지만 그냥 넘어가 주는 것이다.

06 | 너 자신을 알라!
– 재귀대명사

대명사의 변화가 모두 끝난 것으로 알았다면 잘못 생각한 것이다. 대명사의 종류에는 인칭대명사가 변화하여 생겨난 것도 있다.

Know yourself! 너 자신을 알라!

이 말을 모르면 대명사를 다 알았다고 할 수 없다. self는 '자신'이라는 뜻의 명사로 복수는 selves이다. 이것을 대명사와 결합시켜 각자 주제 파악을 하도록 만드는 것이다.

단수	복수
myself 나 자신	ourselves 우리 자신
yourself 너 자신	yourselves 너희들 자신
himself 그 자신	
herself 그녀 자신	themselves 그들 자신
itself 그것 자신	

이렇게 self(selves)가 붙은 대명사를 다시 귀환하는 대명사, 즉 **재귀대명사**라고 부른다.

A. **He killed himself.** 그는 그 자신을 죽였다(자살했다).
B. **He himself did it.** 그 자신이 그걸 했다.
C. **She is in love with herself.**
그녀는 그녀 자신과 사랑에 빠졌다. (공주병!)

A의 경우처럼 주어와 목적어가 같은 사람일 때 액션이 주어로 '다시 귀환'함을 보여 주기도 하고,
B의 경우처럼 앞의 대명사를 다시 강조하기도 하며,
C의 경우처럼 전치사와 결합하여 쓰이기도 한다.

그런가 하면 by+재귀대명사는 '홀로' 라는 뜻이 있다.

I did it by myself. 나는 홀로 그걸 해냈다.
He traveled by himself. 그는 혼자 여행했다.

연습

다음을 영어로 써 보자.

1. 나는 혼자 걷는다.
   _____

2. 그들은 그들끼리 논다.
   _____

3. 그가 자신에 대해 말한다.
   _____

4. 민수 자신이 시들을 쓴다.
   _____

정답 _ 1. I walk by myself. 2. They play by themselves.
3. He speaks of himself. 4. Minsoo himself writes poets.

07 | do 동사의 변화

명사와 대명사가 수와 격을 따지면서 변화를 했다면 do 동사는 주로 시간을 가지고 따진다. 현재냐, 과거냐, 미래냐를 따진다는 말이다.

우리말에서는 다음과 같이 동사가 변한다.

> **어제** 갔다. (과거)
> **오늘** 간다. (현재)
> **내일** 갈 것이다. (미래)

이렇게 시간을 따질 때 동사의 시제(tense)가 무엇이냐고 묻는다. 영어에서는 동사의 시제를 우리말보다 약간 더 복잡하게 따진다.

1) 현재(present)는 '지금'을 말한다.

아무런 변화를 겪기 전의 동사의 원래 형태를 줄여서 원형이라고 부른다. 현재는 동사의 원형을 그대로 써주면 된다.

    I talk. 나는 말한다.
    I skate. 나는 스케이트 탄다.
    I go. 나는 간다.

2) 과거(past)는 지금 이전, 1초 전일 수도 100만 년 전일 수도 있다.

이때는 동사 원형에 ed 또는 d를 붙여 준다.

    I talked. 나는 말했다. (+ed)
    I skated. 나는 스케이트 탔다. (+d : 원형이 e로 끝나서)
    I went. 나는 갔다. (어? 이건 뭐지?)

영어 동사 중에도 자기 멋대로 변하는 반항아들이 있다. 이것들을 불규칙 동사라고 부르는데, 나타나는 대로 그저 기억해 두는 수밖에 다른 도리가 없다. ed 또는 d를 붙여 주면 되는 착한 애들은 규칙을 잘 지킨다 하여 규칙 동사라고 부른다.

대표적인 불규칙 동사는 다음과 같다.

현재	과거
do	did
have	had
go	went

3) 미래(future)는 지금이 아닌 1초 후, 또는 100만 년 후를 가리키는 것으로 동사 원형 앞에 will을 넣어 주면 된다.

> I will talk. 나는 말할 것이다.
> I will skate. 나는 스케이트 탈 것이다.
> I will go. 나는 갈 것이다.

4) 영어에는 우리말에 없는 시제가 있는데, 이를 완료 시제라고 한다.

완료 시제를 나타낼 때에는 동사의 과거분사를 사용하는데, 과거분사는 규칙 동사의 경우 과거 시제와 같이 동사 원형에 ed 또는 d를 붙이면 되지만 불규칙 동사들은 멋대로 달라진다.

현재	과거	과거분사
do	did	done
have	had	had
go	went	gone

완료에도 현재, 과거, 미래가 있다.
현재완료는 과거에 시작해서 최근에 끝났거나 아직까지도 계속되고 있는 행동을 말한다. have를 동사 완료형 앞에 넣어 준다.

I have talked.
나는 말했다. (금방 말을 끝냈거나 아직도 말하고 있다는 뜻)

I have skated.
나는 스케이트를 탔다 (방금 스케이트를 탔거나 지금도 타고 있다는 뜻)

I have gone.
나는 갔다. (아까 가기 시작해서 아직도 가고 있거나 방금까지 가고 있었다는 뜻)

과거완료는 다른 과거의 행동 이전에 끝난 행동을 말한다.
have의 과거형인 had를 동사 완료형 앞에 넣어 준다.

I had eaten before I skated.
나는 스케이트 타기 전에 식사를 했다.
(스케이트 탄 것도 과거, 식사를 한 것은 그 전이라는 뜻)

I had skated before I came here.
나는 여기 오기 전에 스케이트를 탔다.

미래완료는 미래에 시작해서 미래에 끝날 행동이다.
어떻게 만들까? will have를 동사 완료형 앞에 넣어 준다.

I will have talked for two hours by then.
그때까지 나는 두 시간 동안 말을 했을 것이다.

I will have skated for two hours before he shows up.
그가 나타나기 전에 나는 두 시간 동안 스케이트를 탔을 것이다.

I will have finished by Tuesday.
화요일까지는 끝내 놓을 것이다.

연습

다음을 영어로 써 보자.

1. 그는 노래하기 전에 울었다.

   _____

2. 나는 그때까지는 숙제를 끝내 놓을 것이다.

   _____

3. 그는 그녀의 집에 가본 적이 있다.

   _____

정답 1. He had cried before he sang.
2. I will have finished my homework by then.
3. He has been to her house.

08 | be 동사의 변화

be 동사는 변하고 변해도 여덟 가지 형태뿐이라는 말을 기억할 것이다.

be am is are was were been being

be 동사의 원형은 물론 be이다. 그런데 앞에 어떤 대명사를 주어로 만나느냐에 따라 형태가 변한다. 단수에는 am, are, is(1인칭에는 am, 2인칭에는 are, 3인칭에는 is), 복수에는 are로 변해 붙는다.

	단수	복수
1인칭	I am	we are
2인칭	you are	you are
3인칭	he is she is it is	they are

I am young. 나는 젊다.
You are young. 너는 젊다.
We are young. 우리는 젊다.

He is **young**. 그는 젊다.

She is **young**. 그녀는 젊다.

It is **young**. 그것은 어리다.(사람이 아닌 경우 젊다는 표현을 쓰지 않는다.)

They are **young**. 그들은 젊다.

물론 시제에 따른 변화도 있다. 과거는 was나 were로 변해 붙는다.

	단수	복수
1인칭	I was	we were
2인칭	you were	you were
3인칭	he was she was it was	they were

내 나이가 현재 30세라면 5년 전은 이렇게 표현할 수가 있다.

I was **young**. 나는 젊었지.

You were **young**. 너는 젊었지.

We were **young**. 우리는 젊었지.

She was **young**. 그녀는 젊었지.

They were **young**. 그들은 젊었지.

(한때 젊었다는 뜻)

그런가 하면 미래를 나타낼 때는 조동사 will(~할 것이다)을 사용해 표현한다. 이때 be 동사는 원형을 쓴다.

	단수	복수
1인칭	I will be	we will be
2인칭	you will be	you will be
3인칭	he will be she will be it will be	they will be

그렇다면 30년 후에는 어떻게 될까?

> **I will be old.** 나는 늙을 거야.
> **You will be old.** 너는 늙을 거야.
> **We will be old.** 우리는 늙을 거야.
> **He will be old.** 그는 늙을 거야.
> **They will be old.** 그들은 늙을 거야.

완료형은 been이다. 완료 시제는 have를 동사 완료형 앞에 넣어 만든다는 것을 기억할 것이다.

1) 현재완료

	단수	복수
1인칭	I have been	we have been
2인칭	you have been	you have been
3인칭	he has been she has been it has been	they have been

I have been young. 나는 (그간) 젊었지요.
We have been young. 우리는 젊었지요.
She has been young. 그녀는 젊었지요.
They have been young. 그들은 젊었지요.

(그때도 젊었고 지금도 젊다는 뜻)

2) 과거완료

	단수	복수
1인칭	I had been	we had been
2인칭	you had been	you had been
3인칭	he had been she had been it had been	they had been

30년 후 오늘에 대해 말한다면 :

I had been young. 나는 젊었지요.
We had been young. 우리는 젊었지요.
He had been young. 그는 젊었지요.
They had been young. 그들은 젊었지요.

(위의 문장은 현재완료와 달리 한때 젊었다는 뜻)

3) 미래완료

어디서나 will have been이다.

	단수	복수
1인칭	I will have been	we will have been
2인칭	you will have been	you will have been
3인칭	he will have been she will have been it will have been	they will have been

오늘 30년 후에 대해 말한다면 :

I will have been old. 나는 늙어 있을 것이다.
We will have been old. 우리는 늙어 있을 것이다.
She will have been old. 그녀는 늙어 있을 것이다.
They will have been old. 그들은 늙어 있을 것이다.

(그때 이미 늙어 있을 것이라는 뜻)

영어는 영화다

연습

다음을 영어로 써 보자.

1. 그들은 좋은 자식들이에요(예전이나 지금이나).

_____

2. 줄리아도 늙어 있을 것이다.

_____

3. 나는 예뻤었지요.

_____

정답 _ 1. They have been good children. 2. Julia will have been old. 3. I had been pretty.

09 | 주인공과 액션의 화학 작용

주어가 대명사일 때 be 동사와 만나면 be 동사가 어떻게 변하는지 이미 앞 장에서 두 눈으로 확인한 바 있다. 그렇다면 주인공(주어)과 동사가 만날 때 불꽃이 튀기든가, 어떤 요상한 작용으로 동사가 달라지는 일이 없으란 법도 없지 않을까?

대부분의 do 동사는 현재형이 원형이고 원형이 현재형이다. 그런데 현재형이 주어에 따라 달라지는 경우가 있다. 언제일까? 주어가 3인칭 단수일 때 do 동사는 원형에 s 또는 es를 꼬리로 달게 된다. he, she, it(그, 그녀, 그것)이 혼자 있을 때 동사가 꼬리치며 접근한들 나무랄 사람이 누구며, 또 그때 아니면 기회가 또 있겠는가?

    I love. You love.

이렇게 변화 없이 나가다가 혼자 있는 he, she, it 발견!

    He loves. She loves. It loves.

요렇게 꼬리를 달았다가 혼자가 아니게 되니

> We love. They love.

이렇게 얼른 아무 일도 없었던 듯 원래대로 돌아갔다.

> I talk. We talk.
> You talk.
> He talks. She talks. It talks.
> They talk.
>
> I go. We go. You go.
> He goes. She goes. It goes.
> They go.

그렇다면 주어가 명사인 경우에는 몇 인칭으로 볼까? 명사는 3인칭으로 취급한다. 따라서 혼자일 때, 즉 단수 상태에서는 do 동사에 s가 붙고 be 동사는 is가 된다. 복수이면 do 동사는 변함이 없지만 be 동사는 are가 된다.

> The girl loves. The girls love.
> The girl is smart. The girls are smart.

한 가지 주의할 점은 가족(family), 합창단(choir), 학급(class) 등 집합명사의 경우 구성원들을 두고 하는 말인지 집합체 전체를 두고 하는 말인지에 따라 동사를 복수로 받기도 하고 단수로 받기도 한다는 사실이다.

즉, 구성원들을 가리킬 때는 복수로 받고
집합체 전체를 가리킬 때는 단수로 받는다.

> **My family is very tight.** 우리 가족은 (관계가) 매우 돈독하다.
> **My family are all well.** 우리 가족은 모두 잘 있다.

그렇다면 do 동사의 경우, 언제 s를 붙이고 언제 es를 붙일까? 명사를 복수로 만들 때의 원리와 비슷하다. 동사의 끝이 s, sh, ch처럼 s와 비슷할 때 e를 하나 더 넣어 준다.

> miss → misses   wash → washes
> watch → watches

또 o로 끝나는 동사에도 es를 붙여 준다.

> do → does   go → goes

자음 + y 로 끝나는 동사는 y를 i로 고치고 es를 붙인다.

> cry → cries   dry → dries

have는 그냥 has로 변한다.

He has no money. 그는 돈이 없다.

The man has a red car. 그 남자는 빨간 차를 갖고 있다.

연습

다음을 영어로 써 보자

1. 동건이의 고양이는 아이들을 좋아한다.

_____

2. 그 고양이는 밤에 운다.

_____

3. 우리 합창단은 「왜 불러」를 노래했다.

_____

정답 _ 1. Dongkun's cat loves children.
2. That cat cries at night.
3. My choir sang "Wae Bullo'?

10 | 동사끼리의 결탁
– 진행형 시제

do 동사와 be 동사는 이제껏 따로 노는 경향이 강했다. 그러나 이들이 본격적으로 결탁하여 꾸미는 일이 없는 것은 아니다.

우리말에 없는 영어의 완료형 시제는 현재, 과거, 미래 어디선가 완료가 되었거나 계속되고 있는 것을 나타내는 것으로 have를 이용해서 표현했다. 그런데 눈앞에서 벌어지고 있는 상황, 즉 한창 진행중인 상황은 완료와는 좀 다르지 않을까?

그래서 do 동사가 be 동사를 앞세워 진행형 시제라는 것을 만들었다. 이것은 '~ 하고 있다'를 표현하는 것으로 주어에 어울리는 be 동사 다음에 do 동사를 붙이되 그 동사 꼬리에 'ing'를 달아 주는 기발한 방법을 쓴다. 즉, be동사 + ~ ing 형태를 취한다.

> I am doing math. 나는 수학을 하고 있다.
> He is singing. 그는 노래하고 있다.

그리고 이때 붙여 준 동사의 형태를 현재분사라고 한다.
완료형에서는 have + 과거분사를 만들어 쓴 데 반해 진행형에서는 be 동사 + 현재분사 형태로 쓴다.

앞서 말한 현재, 과거, 미래, 현재완료, 과거완료, 미래완료도 모두 진행형으로 만들 수 있다.

1) 현재 진행 : am/are/is + ~ ing

>   **I am singing.** 나는 노래하고 있다.
>   **You are dancing.** 너는 춤추고 있다.
>   **Elton is watching.** 엘튼이 보고 있다.

2) 과거 진행 : was/were + ~ ing

>   **I was singing.** 나는 노래하고 있었다.
>   **They were dancing.** 그들은 춤추고 있었다.

3) 미래 진행 : will be + ~ ing

>   **I will be singing.** 나는 노래하고 있을 것이다.
>   **You will be crying.** 너는 울고 있을 것이다.

4) 현재완료 진행 : have/has been + ~ ing

>   **She has been crying for three hours.**
>   그녀는 세 시간째 울고 있다.
>   **Elton has been watching.** 엘튼이 지켜보고 있다.

5) 과거완료 진행 : had been + ~ ing

I had been singing **before she cried.**
그녀가 울기 전에 나는 노래하고 있었다.

She had been crying **for two hours.**
그녀는 세 시간째 울고 있었다.

6) 미래완료 진행 : will have been + ~ ing

I will have been singing **for three hours.**
나는 세 시간째 노래하고 있을 것이다.

She will have been dancing.
그녀는 춤을 추고 있을 것이다. (그때까지도 춤을 추고 있을 것이라는 뜻)

동사의 변화

1. 시제에 따라 변화한다.
   현재·과거·미래·완료(현재완료·과거완료·미래완료) 형태와 진행형이 있다.
2. 주인공(주어)에 따라 변화한다.
   주인공이 대명사인 경우 동사는 인칭과 수(단수/복수)에 따라 변하고, 주인공이 명사인 경우는 3인칭 단수로 취급하여 변한다(명사가 복수일 때는 변하지 않는다).

영어는 영화다

연습

다음을 영어로 써 보자

1. 우리는 그를 브루스라고 불러 왔다.

   _____

2. 브루스는 맥주를 마시고 있었다.

   _____

3. 아이들이 울고 있을 것이다.

   _____

정답 _ 1. We have been calling him Bruce. 2. Bruce was drinking beer. 3. Children will be crying.

II. 분장술과 양념의 변화
- 비교급과 최상급

분장술과 양념, 즉 형용사와 부사는 사실 처지가 비슷하다. 하나는 명사, 대명사와 놀고 하나는 동사, 형용사, 다른 부사와 놀지만 남 좋은 일 시킨다는 점에서는 마찬가지다. 그래서 이들은 변화할 때도 같은 이유로 변화한다.

그렇다면 언제 변화할까? 바로 비교를 할 때와 최고를 가릴 때이다.

바쁜 사람	더 바쁜 사람	가장 바쁜 사람
예쁜	더 예쁜	가장 예쁜
빨리	더 빨리	가장 빨리

여기서 '더 바쁘다'는 것은 양쪽을 놓고 비교했을 때 그렇다는 것이므로 비교급이라 하고 가장 바쁜 것은 누군가 하나가 최고로 그렇다는 것이므로 최상급이라고 부른다.

비교급을 만들려면 형용사나 부사에 er을 붙여주고 최상급은 est를 붙여 준다.

	비교급	최상급
short 짧은	shorter 더 짧은	shortest 가장 짧은
fast 빠른	faster 더 빠른	fastest 가장 빠른

Zap is short. 잽은 키가 작다.
Abby is shorter. 애비는 더 작다.
Yongsoon is the shortest. 용순이가 제일 작다.

명사를 복수로 만들거나 3인칭 단수 뒤에서 동사에 s(es) 꼬리를 달아 줄 때처럼 자음 뒤에 y가 오면서 끝나는 말은 y를 i로 바꾸고 er 또는 est를 붙여 준다.

happy	happier	happiest
ugly	uglier	ugliest

e 로 끝나는 단어에는 r 또는 st만 붙여 준다.

little	littler	littlest

그렇다면 형용사와 부사 중에 반항아는 없을까? 물론 있다.

good	better	best
bad	worse	worst
many	more	most

This apple is good. 이 사과는 맛있네.
That one is better. 저게 더 맛있어.
Mine is the best. 내 것이 최고로 맛있어.

다음을 영어로 써 보자

1. 내 여자 친구가 네 여자 친구보다 착하다.

___

2. 그들은 우리보다 빠르다.

___

3. 내가 최고로 행복해!

___

4. 아니야, 내가 너보다 더 행복해!

___

정답_ 1. My girl friend is nicer than your girl friend.
2. They are faster than us. 3. I am the happiest!
4. No, I am happier than you!

누가 누구보다 낫다?

부모가 하지 말아야 하는 일 중의 하나가 형제를 비교하여 말하는 것이다. 동생이 형보다 똑똑하다든가 하는 말은 상처를 주기 때문이다. 그러나 일상에서 누가 누구보다 어떻다는 비교를 우리는 곧잘 한다. 그럴 때는 than을 써서 비교한다.

Younger brother is smarter than the older one. 동생이 형보다 더 똑똑하다.

His cat is urgier than mine.
그의 고양이는 내 것보다 밉다.

분장술과 양념은 처지가 비슷하다 보니 슬쩍 분장이 양념으로 가기도 하는데, 이때는 형용사 끝에 ly를 붙이면 부사로 변한다.

soft 부드러운   softly 부드럽게
careful 조심스러운   carefully 조심스럽게
happy 기쁜   happily 기쁘게

Her hand is soft. 그녀의 손은 부드럽다.

Kill me softly with Kleenex!
클리넥스로 나를 부드럽게 죽여 줘요! (모기 왈)

그러나 ~ly로 끝났다고 으레 부사려니 하다간 큰코 다친다.

lovely 사랑스런　　**lovely girl** 사랑스런 소녀
(lovely는 형용사)

ugly 미운　　**ugly duckling** 미운 오리 새끼
(ugly는 형용사)

You are lovely. 넌 사랑스러워.
She is a lovely girl. 그녀는 사랑스런 소녀다.
Her toes are ugly. 그녀의 발가락은 밉다.

그런가 하면 형용사와 부사가 똑같이 생긴 것도 있다.

long life 긴 인생　　**live long** 오래 살다
hard work 어려운 일　　**work hard** 열심히 일하다

Mao had a long life. 마오(마오쩌둥)는 긴 인생을 살았다.
He lived long. 그는 오래 살았다.

형용사 · 부사의 쓰임새

1) 형용사

1. 명사 앞에서 분장시켜 준다.
2. be 동사 뒤에서 보어로 쓰이면서 주어인 명사나 대명사를 설명해 준다(서술적 용법).
3. 명사의 경우 do 동사의 목적어를 보충해 주는 목적보어 역할을 하는 것을 기억할 것이다. 형용사는 목적보어가 못 되는가? 못 될 것 없다.

She made Elvis.
그녀는 엘비스를 만들었다. (이때는 '어떻게?' 란 의문이 남는다.)
She made Elvis happy. 그녀는 엘비스를 행복하게 만들었다.

이렇게 써 줄 수가 있는 것이다.

2) 부사

1. 동사 앞이나 뒤에서 양념 역할을 한다.
2. 형용사나 다른 부사 앞에서 양념 역할을 한다.

:: 형용사와 부사는 비교당하는 순간, 형태가 변한다.

12 | 동사를 호위하자
- 조동사

이제까지 경험으로 하나의 문장에 쓰인 각각의 단어는 나름대로 우리 나라 조선 시대 벼슬 직급을 말하는 정1품, 정2품처럼 품사의 이름이 있음을 알아챘을 것이다.

Elvis loves her.
명사 + 동사 + 대명사

You are my sunshine.
대명사 + 동사 + 대명사 + 명사

She will be mine.
대명사 + ? + 동사 + 대명사

그런데 바로 위 문장에 나오는 will은 품사가 무엇일까? 동사 앞에서 미래형을 알려 주는 녀석 아닌가? 조선 시대에 대감이 행차할 때면 앞에 먼저 가면서 "이리 오너라! 대감 납신다!" 했던 호위병을 상상하면 될 것이다.

이렇게 동사가 앞세워 가지고 다니는 것들을 **조동사**라고 부른다. 조동사가 앞에 있으면 동사는 변하지 않고 점잖게 원형 그대로 있는다.

동사가 어느 호위병을 앞세웠느냐에 따라 자신이 뜻하고자 하는 바가 나타나는데

will은 미래를
> will + 동사원형 ~할 것이다
> will go 갈 것이다

can은 할 수 있음을
> can + 동사원형 ~할 수 있다
> can go 갈 수 있다

may는 해도 좋음을
> may + 동사원형 ~해도 좋다
> may go 가도 좋다

must는 해야만 한다를 나타낸다.
> must + 동사원형 ~해야만 한다
> must go 가야만 한다

be 동사와 do 동사가 힘을 합쳐 진행형을 만들었을 때 be + ~ing 에서의 be나 완료형에서 have가 앞장섰을 때의 have는 원래 동사 이지만 특별히 조동사 역할까지 한 것이다.

조동사에도 과거형이 있을까? 있는 것도 있고 없는 것도 있다.

will → would
can → could
may → might
must는 언제나 must

조동사는 동사의 일부나 마찬가지라 여덟 가지 품사에 끼지도 못한다.

I will laugh. 나는 웃을 거야.
I can laugh. 나는 웃을 수 있어.
I may laugh. 나는 웃어도 좋다.
I must laugh. 나는 웃어야만 해.
I would laugh. 나는 웃을 거야.
(will과 would는 뜻에 거의 차이가 없다.)
I could laugh. 나는 웃을 수 있었지.
I might laugh. 나는 웃을지도 몰라.

영어는 영화다

연습

다음을 영어로 써 보자.

1. 나는 야구를 할 거야.

___

2. 나는 야구를 할 수 있어.

___

3. 너는 야구를 해도 좋다.

___

4. 너는 야구를 해야만 해.

___

정답 _ 1. I will play baseball. 2. I can play baseball.
3. You may play baseball. 4. You must play baseball.

13 | 왕관 씌우기
― 관사

이제 문장 안의 모든 단어를 품사로 바꿔 부를 수 있게 되었다.

Very happy Elvis is a very busy man.
부 + 형 + 명 +동+?+ 부 + 형 + 명

그런데 언제 거기에 a가 하나 쏙 끼어들었을까?
a는 하나를 나타내 주는 단어로 one이 변화된 것이니 사실 형용사의 일종인 셈이다. 이는 명사가 단수일 때 왕관처럼 언제나 쓰고 다닌다고 해서 관사(article)라고 부른다.

> a man   a book   a week
> a computer   a fly   a river

이 왕관은 명사가 분장을 했다고 해서, 즉 형용사가 앞에 왔다고 해서 벗어 버리지 않는다.

> **a tall man** 키 큰 남자
> **a thick book** 두꺼운 책
> **a fast computer** 빠른 컴퓨터

그러나 지시대명사인 this와 that이 형용사로 쓰인 경우(지시형용사)와 명사 앞에 소유격 대명사나 명사가 왔을 때에는 관사를 쓰지 않는다.

> **this man** 이 남자
> **my book** 나의 책
> **Taeji's computer** 태지의 컴퓨터
> **cow's milk** 소의 젖

발음이 모음(a, e, i, o, u)으로 시작되는 명사는 관사를 쓸 때 n을 하나 더 추가한 관사, 즉 an을 쓴다. 말을 할 때 그것이 훨씬 편하기 때문에 그렇게 변하게 되었을 것이다.

> **an apple**　　**an egg**　　**an hour**　　**an ear**

여기서 보듯 hour는 h라는 자음으로 시작되지만 발음할 때 '아우어'라고 모음으로 시작하기 때문에 an 관사를 쓴 것이다.

하지만 물(water), 공기(air), 건강(health)과 같이 하나 둘 셀 수 없는 명사에는 억지로 a(an) 관사를 덮어 씌우지 않는다.

그러나 보통 하나 둘 세지 않는 명사도 때에 따라 관사를 붙여 주거나 복수로 만들어 줌으로써 다른 의미를 나타내기도 한다.

I see many future Edisons in this class.
이 학급에서 나는 장래의 많은 에디슨들을 봅니다.

A Kim is enough in Korean politics.
한국 정치에서 한 명의 김씨면 충분하다.

왕관에는 the라는 왕관도 있다. the는 지시형용사인 that에서 생겨난 것으로, 뭔가 특정한 것을 가리킬 때 명사가 쓰고 다닌다. 앞에 이미 나왔거나 서로 알고 있는 것, 제일 또는 최고의 것, 유일한 것 등이 이에 포함된다.

A tall man ate my ice cream.
어떤 키 큰 남자가 내 아이스크림을 먹었다.

The tall man ate my ice cream.
그 키 큰 남자가 먹었다. (그러니까 어떤 특정 인물이 먹었다는 뜻.)

the tallest mountain 가장 높은 산

태양이나 달과 같이 하나밖에 없는 유일한 것을 나타낼 때도 앞에 관사 the를 붙인다.

the sun 태양
the moon 달
the sky 하늘
the north 북(방향)

항상 염두에 둘 것은 규칙에 얽매이지 말고 자기가 말하려는 의미에 중점을 두라는 것이다.

> **I am Korean.** 나는 한국인이다. (내가 한국인이라는 일반적 표현)
>
> **I am a Korean.** 나는 한국인의 한 사람이다.
> (이런 표현을 하면 뭔가 앞뒤로 사연이 있을 것이다.)
>
> **I am the Korean.** 내가 그 한국인이다.
> (말을 듣는 사람이 아는, 바로 그 한국인이란 뜻)

a 는 모음 앞에서 an이 되었지만 the는 변하지 않는 대신 발음이 [더]에서 [디]로 변한다.

> **the computer** [더 컴퓨터]
> **the air** [디 에어]
> **the hour** [디 아우어] (아우어를 기억하는가?)

the는 특정한 것을 가리키는 왕관이므로 정관사라 하고 a(an)는 그냥 불특정한 어느 하나를 가리키는 왕관이라서 부정관사라고 부른다.

명사가 the 왕관을 쓰고 나올 때는 명사가 단수일 수도 있고, 복수일 수도 있다. 하나라는 뜻이 아니고 뭔가 특정한 것을 가리키는 것이기 때문이다.

영어를 모국어로 쓰는 사람들은 거의 습관적으로 이 왕관, 저 왕관을 바꿔 쓰는데 영어를 처음 배우는 사람들에게는 사실 왕관은 귀찮은 존재가 아닐 수 없다. 그러나 안 쓰고 다닐 수도 없으므로 항상 왕관에 대해 신경을 쓰자. 영어 문장에서 the가 나오면 왜 거기 있는지 잘 살펴보는 버릇을 들임으로써 차차 그것의 사용에 익숙해질 수 있을 것이다.

다음을 영어로 써 보자.

1. 나는 한국인입니다. 나는 한국의 미혼 남성입니다. 내가 올림픽에서 금메달을 딴 그 한국인입니다.

___

정답 _ 1. I am Korean. I am a single Korean man. I am the Korean who won the gold medal at the Olympics.

14 | 문장의 변화
– 설명문 · 의문문 · 감탄문 · 명령문

이제까지 품사들이 이렇게 저렇게 변화하는 모습을 구경했는데 지금부터 문장 자체가 변신을 시도하는 모습을 보기로 하자.

1) 설명문

> 주어 + do 동사 또는 be 동사

문장의 가장 기본이 되는 형태로, 이렇게 쓰여진 문장을 설명문 또는 평서문이라고 유식하게 말한다.

2) 부정문

그러나 때로는 부정을 하고 싶을 때가 있다.

나는 간다. → 나는 가지 않는다.

영어에서 이런 경우 'not'을 넣어 준다. 그렇게만 하면 다 될까? 적어도 be 동사나 조동사가 쓰인 경우에는 그렇다.

I am pretty. → I am not pretty.

I can go. → I can not go.

그런데 do 동사의 경우에는 다르다.

I go. → I go not 이 아니라
→ I do not go. 난 가지 않는다.
He goes. → He does not go. 그는 가지 않는다.
You went. → They did not go. 그들은 가지 않았다.

이제 왜 do 동사들이 do 동사로 불리는지 알겠는가? 혼자 잘 있다가도 부정을 할 때면 do를 끌어들여 가지고 앞으로 내세우고 자기는 뒤에서 원형으로 남아 있기 때문이다.

> 현재이면 : do(does) + not + 동사원형
> 과거이면 : did + not + 동사원형

이러한 부정문도 평서문(설명문)의 일종이다.

3) 의문문

그렇다면 의문을 궁금한 것을 물어 볼 때는 어떻게 해야 할까? '동사+주어+?'로 동사와 주어의 순서가 바뀐다.
부정문의 경우와 같이 be 동사나 조동사가 쓰인 경우에는 순서만 바꾸고 마침표 자리에 물음표(?)를 써준다.

I am pretty. → Am I pretty? 나 예뻐요?
I am not pretty. → Am I not pretty? 나 예쁘지 않나요?
I can go. → Can I go? 나 가도 돼?
I can not go. → Can I not go? 나 안 가도 돼?

그런데 요즈음엔 말을 하다 보면 그냥 주어와 동사의 순서를 바꾸지 않고 그냥 끝에 물음표만 붙여 주기도 한다. 편하게 살자는 말이다. 예를 들면 다음과 같다.

I am pretty?
I am not pretty?
I can go?
I can not go?

do 동사의 경우는 do(es)를 앞세운다.

You dance. → Do you dance? 너 춤추니?
I do. → Do I do? 나는 하는가?
He goes. → Does he go? 그는 가는가?
He does. → Does he do? 그는 하는가?
They went. → Did they go? 그들은 갔는가?
They did. → Did they do? 그들은 했는가?

> 현재이면 : Do(es) + 주어 + 동사원형 + ?
> 과거이면 : Did + 주어 + 동사원형 + ?

이렇게 질문하는 문장을 의문문이라고 한다.

4) 감탄문

감탄할 때는 뭐라고 할까? 감탄문이라고 한다.

> **I am pretty.** → **I am pretty!** 난 예뻐! (공주병)
> **I can go.** → **I can go!** 난 갈 수 있어!

감탄할 때 형용사나 부사가 있으면 이렇게도 할 수 있다.

> **I am pretty.** → **How pretty I am!** 난 얼마나 예쁜지!
> **Elvis dances well.** → **How well Elvis dances!**
> 엘비스는 얼마나 춤을 잘 추는지!
>
> **She is a pretty girl.**
> → **What a pretty girl she is!** 얼마나 예쁜 소녀인지!

> How + 형용사(부사) + 주어 + 동사 + !
> what + (a, an) + 형용사 + 명사 + 주어 + 동사 + !

골치 아프다고요? 그럼 이런 식으로 말하지 않으면 그만이다.

5) 명령문

평서문, 의문문, 감탄문 말고 또 없을까? 명령문도 있다.

Go. 가라.
Come here. 여기 와라.

주어 없이도 쓸 수 있다고 했던 명령문을 기억할 것이다. 그런데 사실 명령을 할 때는 그 명령을 받는 상대방에게 말을 하는 것이므로 주어는 항상 you인 셈이다. 다만 생략해 주는 것뿐이다. 이때 동사는 항상 원형을 쓴다.

다음을 영어로 써 보자.

1. 나는 그녀의 아버지에게 갔다. "따님과 결혼해도 되겠습니까?" "내 딸과는 결혼할 수 없네." "따님에게 잘해 주겠습니다." "오, 그건 좋군!" "더 하실 말씀 없으신지요?" "가봐!"

_____
_____
_____

정답 1. I went to her father. "May I marry your daughter?" "You can not marry my daughter." "I will be nice to her." "Oh, that is nice!" "Anything else, sir?" "Go!"

문장의 기본 형태 = 주어 + 동사 + 마침표(.)

1. not을 넣어 주면 부정(아니라는 뜻)을 나타낸다.

2. 궁금한 것을 물어 볼 때는 주어와 동사의 순서를 바꾸고 마침표 대신 물음표(?)를 넣어 준다.

3. 감탄문에서는 마침표 대신 감탄사(!)를 넣는다

4. 명령이나 지시를 하는 것은 명령문으로 주어 없이 동사 원형을 쓴다.

15 | 구구절절
― 구와 절

"구구절절 사연도 길다"는 말을 들어 봤을 것이다. 그렇게 사연이 길어도 이제까지 배운 내용만 잘 기억하면 영어로 표현할 수 있다. '구구절절'은 괜히 나온 말이 아니다.

'구(phrase)'란 두 개 이상의 단어가 모여 하나의 품사와 같은 구실을 하는 '단어의 집단'을 말한다. 여러 단어가 뭉쳐 명사·동사·형용사·부사 역할을 한다.

He sings a long song on the stage.
대명 + 동 + 관 + 형 + 명 + 전 + 관 + 명

이 문장에서 on the stage(무대 위에서)가 '전치사 + 전치사의 목적어'라고 했던 것을 기억할 것이다. 이것이 바로 하나의 '구'로, "노래를 하는데 어디에서 하느냐? 무대 위에서 한다"고 설명해 주므로 세 단어가 하나의 부사 역할을 하는 셈이다.

전치사는 자기들의 목적어인 명사나 대명사 앞에서 알짱대므로 언제나 구를 이룬다.

My son is on my back. 내 아들이 내 등 위에 있다.

I am busy at the mement. 나는 지금 이 순간 바쁘다.

The man is in the black car.
그 남자는 검은색 차 안에 있다.

Good buy till we meet again. 다시 만날 때까지 안녕.

동사의 완료형이나 진행형도 구를 이룬다.

He has been sitting in the car.
그는 차 안에 앉아 있었다. (두 개의 구를 포함)

My son has been on my back for two hours. 두 시간 째 나는 아들을 업고 있다. (세 개의 구를 포함)

그럼 '절'은 무엇일까? 여러 단어가 모여 하나의 품사 같은 구실을 한다는 점에서는 '구'와 같지만, 모인 단어가 마치 문장처럼 '주어+동사'를 갖추고 있는 것을 '절'이라 한다.

I loved you before you loved me.
네가 날 사랑하기 전에 난 널 사랑했다.

여기서 "you loved me"는 주어와 동사가 있는 하나의 '절'인데 "언제 사랑했느냐?"를 설명하는 부사로 쓰인 셈이다.

구구절절이 긴 영화가 만들어질 수 있는 가능성이 보이지 않는가?

16. 술마시는 아빠는 술부?
- 주부와 술부

문장을 구성하는 네 가지 요소에 주어·동사·보어·목적어가 있다는 것을 기억할 것이다.
이때 보어와 목적어는 동사를 따라다니는데 동사에 따라 보어나 목적어가 필요하기도, 필요하지 않기도 하다.

주어 + <u>동사 [+ 보어/목적어]</u>
  A   B

뿐만 아니라 주어에는 주어대로, 동사·보어·목적어에도 마찬가지로 분장술과 양념이 첨가될 수 있다.

그렇지만 기본적으로는 크게 두 부분으로 나눌 수 있다. 이때 주어 및 부속물이 포함된 부분을 '**주부**'라고 부르고 동사 및 부속물이 포함된 부분을 '**술부**'라고 한다.

엄마는 주부이고 술마시고 늦게 들어오는 아빠는 술부냐고요? 그게 아니라 문장의 주인공인 주어가 있는 부분이라서 '주부(subject)'라 하고 그 주어를 설명하는 부분이라서 '술부(predicate)'라고 하는 것이다.

My mother stays home. 우리 엄마는 집에 계신다.
<u>My mother</u> <u>stays home.</u>
　주부　　　　술부

All fathers come home late.
<u>All fathers</u> <u>come home late.</u>
　주부　　　　　술부
모든 아버지들은 집에 늦게 오신다.

17 | 구구절절 문장 엮기
– 단문·중문·복문

사람들 중에는 간단히 말하기를 좋아하는 사람이 있는가 하면 구구절절 늘어놓아야 말한 것 같다고 생각하는 사람도 있다. 영어로 아무리 구구절절 말해 봐야 결국 세 가지 방법 중 하나로 문장을 엮는 수밖에 없다.

1) 단문

우선 제일 간단한 단문은 주부 하나, 술부 하나로 이루어져 있다.

주부 + 술부

I sing. 나는 노래한다.

My brother and I love Jinsil.
내 동생과 나는 진실이를 사랑한다.

2) 중문

단문 + 단문

중문은 약간 복잡해져 두 개의 단문으로 이루어져 있다. 여기에 쓰인 단문들은 각각 동등한 입장에 있는 절이기 때문에 등위절이라고 부른다.

두 개 이상의 단문이 쉼표(,)와 풀붙이기 하는 접속사들(등위 접속사 : and, but, or 등)로 연결되고 마침표나 물음표, 느낌표로 끝막음된다.

I love her, but she doesn't love me.
나는 그녀를 사랑하지만, 그녀는 나를 사랑하지 않는다.

I love her, but she loves him, and he loves me.
나는 그녀를 사랑하지만, 그녀는 그를 사랑하고 그는 나를 사랑한다.

Do you love me, or do you love her?
날 사랑해, 그녀를 사랑해?

3) 복문

주절 + 종속절(또는 종속절+주절)

동등한 만남이 아니고 누가 누구에게 기대는 관계가 되면 문제는 항상 복잡해진다.

버젓이 주어와 동사를 다 갖추고서도 혼자 독립하지 못하는 종속절의 신세! 나를 차라리 봉사절이라고 불러 다오! 난 시시하게 빌붙는 게 아니라 사실 남 입장 살려 주는 것이니까.

종속절은 종속 접속사(when, if, as 등)가 이끈다.

영어는 영화다

I was sad when she left me.
그녀가 떠났을 때 난 슬펐다.

Come back if you love me. 나를 사랑한다면 돌아와 줘.

연습

다음을 영어로 써 보자.

1. 나는 줄리아를 위해 노래했다. 그녀는 내 노래를 좋아하지 않지만 나는 노래를 멈출 수가 없었다. 나는 노래가 좋은가, 줄리아가 좋은가?

___

___

2. 그가 노래를 하면 나는 슬프다. 나를 사랑한다면 노래를 제발 멈춰 줘!

___

___

정답 1. I sang for Julia. She does not like my songs, but I could not stop singing. Do I like my songs, or do I love Julia?
2. I am sad when he sings. If you love me, please stop singing!

Part 3

영화에 출연하는 배우나 소품, 분장, 양념 등은
변화만 하는 게 아니라 때로는 변덕을 부리기도 한다.
"야, 넌 왜 변덕이냐?"고 나무란들 무슨 소용이 있겠는가?
훌륭한 감독은 그런 것을 다 염두에 두고
모든 걸 요리하는 것이다.

변덕도 예측할 수만 있다면 큰 문제가 없다.
미리 알고 그것까지를 계산에 넣어 작품을 만든다면
훌륭한 감독이 될 것이다.

변덕에는 유연하게

1. 단어의 변덕
2. 대명사의 변덕
3. 햄릿이 부러운 동사들의 변덕
4. 헷갈리게 하는 형용사
5. 형용사의 위치 변덕
6. 구구한 변덕
7. 전치사의 변덕
8. 줄여쓰기

01 | 단어의 변덕

단어는 낱개의 말, 즉 하나이기 때문에 낱말 또는 단어라는 이름이 붙었는데, 이를 무시하고 변덕을 부려 단어 여러 개가 모여 한 단어가 되는 것들이 있다.

명사의 경우 :

> shoe 신 + lace 끈 = shoelace 신발끈
> apple 사과 + sauce 소스 = applesauce 사과소스
> seat 좌석 + belt 벨트 = seat belt 좌석벨트(안전벨트)
> high 높은 + school 학교 = high school 고등학교
> grand 큰 + child 아이 = grandchild 손주
> great 큰 + grandchild 손주
> = great-grandchild 증손주

처음에 나온 shoelace나 applesauce와 같이 아예 한 단어로 붙어 버린 것은 괜찮은데, 떨어져 있거나 하이픈(-)으로 연결된 경우 헷갈릴 우려가 있다. 예를 들어 복수 또는 소유격을 표시할 때는 어떻게 할까? 마지막 낱말에 s 또는 's를 붙인다.

high school → high schools 고등학교들
grandchild → grandchildren 손주들
grandchild's 손주의

I went to my grandchild's high school yesterday. 어제 나는 내 손주의 고등학교에 갔다.

My sister has 2 grandchildren, but I have only one. 내 여동생은 손주가 둘인데 나는 한 명밖에 없다.

다른 품사의 경우는 어떨까? 복합 단어가 없을까? 있다. 그러므로 반드시 한 단어에 한 낱말이 있다는 고정 관념을 버려야 한다.

air-conditioned 냉방된 (형용사)
tax-free 세금 없는 (형용사)
best-selling 최고로 잘 팔리는 (형용사)

다음을 영어로 써 보자.

1. 어제 나는 증조모 댁에 갔다. 아빠 자동차의 좌석벨트가 너무 꼭 조였다. 그 차는 최고로 잘 팔리는 차이지만, 나는 그 차가 싫었다.

___

___

___

정답 _ 1. I went to great-grandmother's house yesterday. My father's car's seat belt was too tight. It was the best-selling car, but I did not like it.

02 대명사의 변덕

we는 우리, you는 당신, they는 그들을 가리키는 인칭대명사이다. 그런데 때로는 막연히 일반 사람을 가리킬 때가 있다.

> **We don't want to fail.** 실패를 원하지 않는다.
> **You should listen to your teacher.**
> 선생님 말씀을 들어야만 한다.
> **They love baseball in America.**
> 미국에서 야구는 인기다.

이럴 때는 어떤 명사를 대용한 게 아니라 총괄적으로 사람을 가리킨다고 하여 '총인칭'이라고 한다. 대명사의 쓰임새가 이렇게 유연할 수도 있다는 것을 알아 두자.
그런데 너무 유연해서 탈인 대명사가 바로 it이다.

> **It is Monday today.** 오늘은 월요일이다.
> **It is very cold.** 날이 아주 춥다.
> **It is not very far.** 여기서 별로 멀지 않다.

이처럼 it은 요일·날씨·기후·시간·거리 등을 나타내는 주어로 쓰이는데, 그 밖에도 뻑하면 대신 나서는 경우가 심심치 않게 있다.

모든 명사를 대명사로 바꾸어 쓸 수 있다는 사실은 잘 알 것이다. 그런데 어떤 명사는 대명사로 바뀔 때 의외의 성질을 나타낸다. 예를 들어 선박(ship)의 경우, 그것(it)이 아니라 그녀(she)가 된다.

The ship sank with her crew.
그 선박은 승무원과 함께 침몰했다.

연습

다음을 영어로 써 보자.

1. 미국에서 햄버거는 인기다. 미국에 가면 좋건 싫건 햄버거를 먹어야 한다. 12월이면 매우 춥다. 그런데도 햄버거를 먹고 영화 〈타이타닉〉을 보았다. 그 배는 승무원과 함께 침몰했다.

정답_ 1. They love hamburgers in America. When you go to America, you have to eat a hamburger whether you like it or not. It's very cold in December, but we ate a hamburger and saw the movie, 'Titanic.' The ship sank with her crew.

03 | 햄릿이 부러운 동사들의 변덕
– 연결동사

do 동사와 be 동사들은 자신들의 정체성에 의문을 제기하지 않고 제 할 일 하고 제 갈 길을 갔지만, do 동사 중에서 『햄릿』을 열심히 읽고 너무나 감명받은 나머지 "To be or not to be……"를 동경하는 몇몇이 나타났다.

이들은 다른 do 동사들처럼 직접목적어나 간접목적어를 뒤에 달고 다니기보다는 be 동사처럼 보어를 달고 다니기를 원했다.

become ~이 되다
smell ~한 냄새 나다
feel ~하게 느끼다
grow ~하게 되다
seem ~으로 보이다

그러자, 여러 영화감독들이 모여 이 문제를 논의한 끝에 목적 없이 살아도 좋으니 연결이나 시켜 주고 조용히 지내는 조건으로 이들을 내버려두기로 했다. 그리고 be 동사를 포함한 이들 집단을 **연결동사**라고 이름지었다.

You seem happy. 너는 행복해 보이는구나.
He became a hero. 그는 영웅이 되었다.
I feel good. 나는 기분이 좋다.
My hair grows longer everyday.
내 머리는 매일 더 길어진다.
Kimchi smells delicious. 김치에선 맛있는 냄새가 난다.

그런데 연결동사들은 경우에 따라 do 동사로서의 원래의 제 모습을 잊지 못하고 목적어를 뒤에 달고 다니기도 해 영화감독들은 가끔 헷갈리고 있다.

I feel your pain. 당신의 고통을 저는 느낄 수 있어요.
Can you smell the garlic in kimchi?
김치에서 마늘 냄새를 맡을 수 있어요?

영어에는 이처럼 한 단어가 여러 형태로 쓰이는 경우가 많은데, 실은 우리말에도 그러한 경우가 많다.

영어는 영화다

연습

다음을 영어로 써 보자.

1. 그에게선 고약한 냄새가 났다. 그 냄새는 사람들을 그에게서 멀어지게 하는 듯 보였다. 그때 애비가 나타나 말했다. "네 고통을 안단다. 목욕 좀 해라." 그는 목욕을 하고 착한 소년이 되었다.

정답 _ 1. He smelled bad. That smell seemed to turn people away from him. Then Abby showed up and said, "I feel your pain. Go take a bath!" He took a bath and became a good boy.

143

04 헷갈리게 하는 형용사

1) many와 much

    many는 수의 많음, much는 정도 또는 양의 많음을 나타낸다.

> **many men** 많은 남자들
> **much money** 많은 돈
> **much love** 많은 사랑

2) few와 little

    few는 수의 적음, little은 정도 또는 양의 적음을 나타낸다.

> **few women** 적은 수의 여자들
> **little money** 적은 돈
> **little love** 적은 사랑

그런데 그 앞에 왕관을 쓰면 뜻이 좀 달라진다.

> **few** 거의 없는   **a few** 약간 있는
> **little** 거의 없는   **a little** 약간 있는

Very few women like me.
나를 좋아하는 여자가 거의 없다.

A few men like me. 몇몇 남자들이 나를 좋아한다.

I have little money. 난 돈이 거의 없다.

I have a little money. 나는 돈이 약간 있다.

그렇다면 not a few와 not a little이라고 부정을 하면 무슨 뜻이 될까?

not a few 또는 not a little은 '적지 않은', '제법 많은'이라는 뜻이 된다.

He has not a few rich friends.
그는 적지 않은 부자 친구들이 있다.

He has not a little money. 그는 돈이 꽤 많다.

연습

다음을 영어로 써 보자.

1. 그는 돈이 많다. 많은 사람들이 그에게 도움을 청했다. 몇몇 여성들은 그를 좋은 사람이라고 불렀다. 그러나 그는 많은 사랑을 받지는 못했다.

___

___

___

정답 _ 1. He has much money. Many people asked him for help. A few ladies called him a nice guy, but he never received much love.

05 | 형용사의 위치 변덕

형용사는 명사 앞에서 분장술을 펼치는 것으로 유명한데 변덕을 부릴 때가 있다. something, anything, everything, nothing 등 '~ thing'으로 끝나는 말들이 있으면 갑자기 수줍음을 타며 그 뒤로 가서 붙는 것이다. 이 말들은 알다시피 부정대명사들인데 그들만 나오면 그전까지 판을 치던 형용사들도 슬그머니 뒷전으로 빠지니 신기한 노릇이다.

> I have a good news for you. 네게 좋은 소식이 있다.
> I have something good for you.
> 너한테 뭔가 좋은 것을 가지고 있다.

> I like nice wine. 난 좋은 와인을 좋아해.
> I like anything nice. 난 좋은 것은 뭐든 좋아해.

형용사는 be 동사의 보어 역할도 하는데, 개중에는 "난 그건 못해" 하는 녀석들이 있다.

> **wooden** 나무로 된 **woolen** 양털로 된
> **silken** 실크로 된 **elder** 손위의

former 전의   utter 순전한
latter 뒤의   inner 내부의
only 유일한   total 총
mere 단순한

이들은 보어 역할을 거부하는 파업에 들어갔는데 그 파업은 아직도 계속되고 있다.

그런가 하면 보어 역할만 하겠다고 나선 녀석들도 있다.

awake 깨어난   afraid 두려워하는
asleep 잠자는   alive 살아 있는
aware 깨달은   well 건강한
fond 좋아하는   glad 기쁜
sorry 유감인

Tiff is not awake. 티프는 깨어 있지 않다.
I am not afraid of big guys.
나는 덩치 큰 녀석들이 겁나지 않는다.
Tiff is always asleep. 티프는 언제나 자고 있다.
I am sorry. 미안합니다.

영어는 영화다

연습

다음을 영어로 써 보자.

1. 나는 아름다운 것이면 뭐든 좋아한다. 나는 양털 손잡이가 달린 나무로 된 숟가락만 사용한다.

___

___

___

정답_ 1. I love anything beautiful. I only use the wooden spoon with a woolen handle.

06 구구한 변덕
– 숙어

구구절절의 바로 그 구구를 기억하는가? 두 개 이상의 단어가 모여 하나의 품사를 이루는……. 이러한 구 중에서 아주 변덕의 극치를 보이는 경우가 있으니, 바로 숙어(idiom)라는 것이다. 이들은 구를 이루는 각각의 단어들의 뜻과는 전혀 다른 의미를 갖는 경우가 대부분이어서, 영화 제작에서 아주 골치일 수도 있지만, 또 그런 엉뚱함을 재미라 여길 수도 있겠다.

- kick the bucket 죽다

    The old man kicked the bucket last night. 그 노인이 어젯밤 돌아가셨다.

- eat crow 마지못해 잘못을 인정하다

    When the truth came out, he had to eat crow. 진실이 밝혀지자 그는 자신의 잘못을 시인해야 했다.

- put one's foot in one's mouth 실언하다

    During the debate, he put his foot in his mouth. 토론회 도중, 그는 멍청한 소리를 하고야 말았다.

- tie the knot 결혼하다

  They finally tied the knot.
  그들은 드디어 결혼했다.

- get under a person's skin 약올리다

  That boy really gets under my skin.
  저 녀석은 진짜 열통 터지게 해.

- swallow one's tongue 말을 참다.

  She had to swallow her tongue **when he saw his face.**
  그의 얼굴을 봤을 때 그녀는 혀끝까지 나온 말을 참아야 했다.

- be on one's back 못살게 굴다.

  He has been on my back **for two years.**
  그는 2년간 나를 못살게 굴었다.

07 | 전치사의 변덕

전치사는 하나의 낱말로 되어 있는데, 여러 단어가 뭉쳐 전치사 역할을 하는 변덕을 부리기도 한다.

예를 들면 다음과 같다.

> according to ~에 따르면
> ahead of ~의 앞에
> along with ~와 함께
> because of ~때문에
> except for ~ 외에
> in back of ~의 뒤에
> in case of ~의 경우
> in front of ~의 앞에
> in regard to ~에 대해서
> in spite of ~함에도 불구하고
> instead of ~대신에
> out of ~으로부터

연습

다음을 영어로 써 보자.

1. 우리 어머니 말씀에 따르면 잽이 애비보다 먼저 나왔다. 그 때문에 잽은 자기가 오빠라고 주장한다. "네가 우리 엄마에게서 나왔다니 믿기지 않아!" 하고 애비는 말한다.

___

___

___

정답. 1. According to my mom, Zap came out ahead of Abby. Because of that, Zap insists he's the older brother. Abby says, "I can't belive you came out of my mom!"

08 줄여쓰기

이제껏 단어들이 뭉쳐 복합 단어를 이루는 변덕을 보았는데, 그 반대로 뭉쳐서 줄여쓰는 경우도 있다.

이는 글쓰거나 말할 때 좀더 자연스럽고 빠르게 넘어가기 위한 것으로 두 단어를 합쳐 쓰면서 몇 글자를 줄이는 대신 아포스트로피(')를 넣어 준다.

I am = I'm	I would = I'd
I had = I'd	I will = I'll
I have = I've	you are = you're
you would = you'd	you had = you'd
you will = you'll	he is = he's
he has = he's	it is = it's
it has = it's	who is = who's
who has = who's	who would = who'd
who had = who'd	let us = let's
are not = aren't	cannot = can't
could not = could't	do not = don't
does not = doesn't	is not = isn't

will not = won't   must not = mustn't
there is = there's   there has = there's
what is = what's   what has = what's
here is = here's   here has = here's
should not = shouldn't
would not = wouldn't

(I would와 I had의 줄임말은 똑같이 I'd이다. 그 밖에 you'd나 he's, it's, who's, who'd, there's, what's, here's와 같이 줄임말들이 똑같은 것들은 문맥에 따라 어떤 것으로 쓰였는지 판단한다.)

it's와 its

Its가 it의 소유격임을 기억할 것이다. it's 는 it is의 줄임말이다. 두 가지를 혼동하면 엉뚱한 결과가 나온다.

It's my dog. 그건 내 강아지야.
Its name is Ddolddol. 그것의 이름은 똘똘이야.

Part 4

촬영을 하려면, 먼저 만반의 준비를 갖춰야 한다.
배우와 소품을 챙기고 대역도 수배해 놓고
액션도 점검해야 한다.
한 편의 훌륭한 영화를 만들기 위해서는
준비를 철저히 해야 한다.

영화 촬영 준비

1. 배우 챙기기
2. 대역 수배
3. 액션 연습
4. 분장사는 왔나?
5. 양념병 가져와라
6. 알짱대는 아이들 어디 갔나?
7. 풀칠할 준비!
8. 느낌표 부대 출동
9. 대문자 쓰기
10. 영화 종류 살펴보기
11. 주인공과 액션 재점검

01 배우 챙기기
- 명사

영어 사전에서 'n'으로 표기된 단어는 모두 영화의 주인공이 될 수 있는 명사이다. 명사의 수는 아주 많으므로 출연 배우 명단을 가지고 있는 게 좋다.

그렇다고 주인공이 될 수 있는 사람과 사물과 생각을 몽땅 명단에 올린다는 것은 불가능하므로 인기 있는 주인공 위주로 명단을 하나 만들어 보자.

장소	사람	동물	사물	개념
school 학교 office 사무실 gym 체육관 Seoul 서울 village 마을 Asia 아시아	teacher 교사 Mr. Kim 미스터 김 boxer 권투선수 citizen 시민 grandmother 할머니 Gunmo 건모	rat 쥐 goldfish 금붕어 dog 개 pigeon 비둘기 dragonfly 잠자리 panda 판다	pen 펜 computer 컴퓨터 exercise 운동 traffic 교통 corn 옥수수 chopstick 젓가락	wisdom 지혜 creativity 창의력 speed 속도 energy 에너지 freedom 자유 love 사랑

이와 함께 반항아 명단도 준비하자. 명사의 반항아는 단수에서 복수로 만들 때 멋대로 꼬리를 다는 경향이 있으므로 미리 알아두자.

단수	복수	뜻
alumna	alumnae	(여자) 동창
alumnus	alumni	(남자) 동창
antenna(TV)	antennas	안테나
antenna	antennae	더듬이
buffalo	buffalos, buffaloes, buffalo	물소
cactus	cacti, cactuses	선인장
child	children	아이
corps	corps	군단, 단체
crisis	crises	위기
datum	data	데이터
deer	deer	사슴
foot	feet	발
goose	geese	거위
half	halves	절반
louse	lice	이(벌레)
man	men	남자(어른)
mouse	mice	쥐
ox	oxen	소
series	series	시리즈
sheep	sheep	양
staff	staves	장대(지팡이) 보표(악보)
staff	staffs	직원, 참모
tooth	teeth	이(이빨)
woman	women	여자(어른)

이밖에 뭉쳐 다니는 명사, 즉 집합명사들도 좀 갖춰 놓아야 영화 찍을 때 편하지 않을까? 특히 엑스트라 동원할 때 편할 것이다.

사람	동물	물건
audience 청중	한 무리, 한 떼의 동물을 말할 때 사용하는 단어들로 동물에 따라 달라진다	bunch 송이, 다발
crowd 군중		fleet 함대
gang 일당		set 세트
jury 배심원		stack 더미
class 학급		batch 일회분
trio 3인조	flock (양, 염소, 새 등)	cluster 무리, 집단, 송이
family 가족	pack (사냥개)	
group 그룹	herd (소, 양)	
chorus 합창곡, 합창대	team (소)	
orchestra 합주단	litter (개·돼지의 한 배에서 나온 새끼)	
cast 출연진		
band 밴드		
choir 합창단		
nation 국가		
staff 직원, 참모		

그런가 하면 여러 단어가 합쳐져 하나의 명사가 된 복합명사들도 있다.

한 단어로 완전 결합	떨어져 있지만 한 단어	하이픈으로 연결
shoelace 신발끈	seat belt 안전벨트	great-grandmother 증조할머니
applesauce 사과소스	middle school 중학교	great-grandchild 증손
flashlight 손전등	word processor 워드프로세서	
campfire 캠프파이어		editor-in-chief 편집장

명사가 하는 일을 다시 한 번 점검해 보면

- 명사는 주인공(주어) 역할을 한다.
- be 동사나 연결동사의 보어 역할을 한다.
- do 동사의 직접목적어 역할을 한다.
- do 동사의 간접목적어 역할을 한다.
- 전치사의 목적어 역할을 한다.
- 목적어의 보어 역할을 한다.
- 소유를 나타내 준다.
- 동격으로 앞의 단어를 설명한다.

어, 동격으로 앞의 단어를 설명한다는 처음 듣는 얘기가 아닌가?

> A. The president of the United States started the war. 미국 대통령이 전쟁을 시작했다.
>
> B. The president of the United States, Bush, started the war.
> 미국 대통령 부시가 전쟁을 시작했다.

A의 미국 대통령이란 말을 좀더 설명해 주기 위해서 B에서는 코마를 사이에 두고 'Bush'라는 고유명사를 끼워 넣었다. 이렇게 사용하는 것을 명사가 동격으로 쓰였다고 한다.

:: 명사는 수와 격에 따라 변화한다는 것을 반드시 기억하자.

02 | 대역 수배
— 대명사

대역을 수배하라고요? 간단하다. 그때그때 찾아 이리 뛰고 저리 뛰지 말고 아예 미리 한자리에 모아 놓았다가 찾아 쓰면 된다.

> **알 림**
> 세상 천지의 대명사들은 다 모이기 바람.

all 전부
another 다른 하나
any 누구든지, 아무(것)도
anybody 아무나
anyone 누구나, 아무도
anything 누구든지, 누구도
both 양쪽
each 각자, 각기
either 어느 한쪽
everybody 각자 모두, 누구든지
everyone = everybody
everything 무엇이든, 모두
few 소수의 사람(것)

he 그

her 그녀의/그녀를

hers 그녀의 것

herself 그녀 자신

him 그를

himself 그 자신

his 그의

I 나

it 그것

its 그것의

itself 그것 자신

many 다수의 사람(것)

me 나를

mine 나의 것

my 나의

myself 나 자신

neither 어느 것도 (아니다)

nobody 아무도 ~ 않다

none 어느 것도(아니다)
  (neither와 달리 세 개 이상의 부정에 사용한다.)

no one 아무도 ~ 않다

nothing 아무 것(일)도 없다(않다)

one 하나, 한 개, 한 사람, 한 편, 한쪽, 특정한 사람(물건)

others 그 밖의 것, 그 밖의 사람들

our 우리의

ours 우리의 것

ourselves 우리 자신

several 몇몇, 몇 개, 몇 명

she 그녀

some 다소, 얼마간, 어떤 사람들, 어떤 것

somebody 어떤 사람, 누군가

someone = somebody

something 무엇인가, 어떤 것, 어떤 일

that 그것, 저것

their 그들의

theirs 그들의 것

them 그들을

themselves 그들 자신

these 이것들

they 그들

this 이것

those 저것들

us 우리를

we 우리

what 무엇, 어떤 것(일)

which 어느 쪽, 어느 것

who 누구, 어느 사람

whom 누구를

whose 누구의

you 너

your 너의

yours 너의 것

yourself 너 자신

yourselves 너희들 자신

대명사가 하는 일을 다시 한 번 점검해 보자.

- 문장의 주인공(주어) 역할을 한다.
- 보어 역할을 한다.
- 직접목적어 역할을 한다.
- 간접목적어 역할을 한다.
- 전치사의 목적어 역할을 한다.
- 소유격으로 사용된다.
- 동격으로 사용한다.

> **Our team started the war.**
> 우리 팀이 전쟁을 시작했다.
>
> **Our team, Rumsfeld & I, started the war.**
> 우리 팀, 럼스펠드와 내가 전쟁을 시작했다.

:: 대명사는 격에 따라 변한다는 것을 잊지 말자.

03 | 액션 연습
- 동사

진짜 연기를 하기 전에 몸을 풀기 위해 동작 연습을 해보자.

> **do** 하다
> **play** 놀다
> **study** 공부하다
> **go** 가다
> **live** 살다
> **like** 좋아하다
> **feel** 느끼다
> **love** 사랑하다

동사는 대체로 시제에 따라 변하는데, 그 중에서 반항아 명단을 살펴보자.

현재	과거	과거분사	뜻
arise	arose	arisen	일어나다
awake	awoke/awaked	awoke/awaked	깨우다
bear	bore	borne	지탱하다, 낳다

현재	과거	과거분사	뜻
beat	beat	beaten	치다, 때리다
begin	began	begun	시작하다
bind	bound	bound	매다, 묶다
bite	bit	bitten/bit	물다
blow	blew	blown	불다
break	broke	broken	깨다, 부수다
bring	brought	brought	가져(데려)오다
burst	burst	burst	터지다, 폭발하다
buy	bought	bought	사다
catch	caught	caught	붙잡다
choose	chose	chosen	고르다
cling	clung	clung	달라붙다
come	came	come	오다
cut	cut	cut	자르다
deal	dealt	dealt	다루다, 처리하다
dive	dived/dove	dived	(물에) 뛰어들다
do	did	done	하다
draw	drew	drawn	당기다, 그리다
drink	drank	drunk	마시다
drive	drove	driven	운전하다
eat	ate	eaten	먹다
fall	fell	fallen	떨어지다
fight	fought	fought	싸우다
flee	fled	fled	달아나다
fling	flung	flung	돌진하다
fly	flew	flown	날다
forbid	forbade/forbad	forbidden	금지하다

현재	과거	과거분사	뜻
forget	forgot	forgotten/forgot	잊다
freeze	froze	frozen	얼다
get	got	got/gotten	얻다
give	gave	given	주다
go	went	gone	가다
grow	grew	grown	자라다
hang(a picture)	hung	hung	걸다, 매달다
hang(a thief)	hanged	hanged	교수형에 처하다
hide	hid	hidden/hid	숨다
hold	held	held	손에 들다, 잡다
keep	kept	kept	유지(보유)하다
know	knew	known	알다
lay	laid	laid	눕히다, 알을 낳다
leave	left	left	떠나다, 두고 가다
lend	lent	lent	빌려주다, 빌리다
lie	lay	lain	드러눕다
lose	lost	lost	지다, 잃다
meet	met	met	만나다
pay	paid	paid	지불하다
read	read	read	읽다
rid	rid	rid	없애다, 제거하다
ride	rode	ridden	(탈것을) 타다
ring	rang	rung	(종 등이) 울리다
rise	rose	risen	일어서다
run	ran	run	달리다
say	said	said	말하다
see	saw	seen	보다
set	set	set	놓다, 배치하다

현재	과거	과거분사	뜻
shake	shook	shook	흔들다
shine	shone	shone	빛나다
shoot	shot	shot	쏘다, 던지다
show	showed	shown, showed	보이다, 보여 주다
shrink	shrank/shrunk	shrunk/shrunken	움츠러들다
sing	sang	sung	노래하다
sit	sat	sat	앉다
spring	sprang	sprung	뛰어오르다
stand	stood	stood	서다, 일어나다
steal	stole	stolen	훔치다, 빼앗다
sting	stung	stung	(바늘, 가시가) 찌르다
stride	strode	stridden	성큼성큼 걷다
strike	struck	struck	치다, 공격하다
strive	strove	striven	노력하다, 분투하다
swear	swore	sworn	맹세하다
swim	swam	swum	헤엄치다
swing	swung	swung	흔들다, 흔들리다
take	took	taken	잡다, 받아들이다
teach	taught	taught	가르치다
tear	tore	torn	찢다
tell	told	told	말하다, 이야기하다
think	thought	thought	생각하다
throw	threw	thrown	던지다
wake	waked/woke	waked/woken	잠이 깨다
wear	wore	worn	입다
wring	wrung	wrung	쥐어짜다, 비틀다
write	wrote	written	쓰다

be 동사의 변화

단수	복수
현재	
I am you are he/she/it is	we are you are they are
현재완료	
I have been you have been he/she/it has been	we have been you have been they have been
과거	
I was you were he/she/it was	we were you were they were
과거완료	
I had been you had been he/she/it had been	we had been you had been they had been
미래	
I will be you will be he/she/it will be	we will be you will bee they will be
미래완료	
I will have been you will have been he/she/it will have been	we will have been you will have been they will have been

조동사 총동원

    am. are, is, was, were, be, being, been
    do, does, did
    have, has, had
    may, must, might
    can, could
    shall, will, should, would

- be 동사는 햄릿의 동사로 문장의 주된 동사의 역할을 하지만 보조역의 조동사 역할도 작지 않다.

    I am happy you are my friend.
    네가 내 친구라 기쁘다. (주동사)

    You are being nice to me.
    너는 내게 잘 해준다. (are는 조동사, be는 주동사)

    I have been calling you.
    네게 전화하고 있었는데. (been은 조동사)

- **I will have been waiting for you for 2 hours.**
  여기서 wait은 세 개의 조동사(will, have, been)를 앞세웠다. 주동사는 최고 세 개의 조동사를 앞세울 수 있다.

04 | 분장사는 왔나?
- 형용사

1) 일반 형용사

- 어떠한(What kind of)을 나타내는 형용사에는 다음과 같은 것들이 있다.

   beautiful 아름다운
   cute 귀여운
   busy 바쁜
   blue 파란
   hard 어려운, 딱딱한
   soft 부드러운
   dry 건조한
   green 푸른(녹색)

- 몇 개(how many), 즉 수량을 나타낸다.

   one, two, three, ten, twenty, hundred

2) 지시형용사

어느 것(which one)을 나타낸다.

this, these, that, those

3) 고유 형용사

Korean 한국의, 한국인의, 한국적인
Chinese 중국적인
Swiss 스위스의, 스위스적인

:: 형용사는 비교할 때(비교급 · 최상급) 변화한다는 사실을 잊지 말자.

this & that

이들은 대명사, 형용사, 관계대명사로 여기저기 바삐 뛰어다닌다.

05 | 양념병 가져와라
– 부사

- 어떻게(how)를 말해 주는 부사

    badly 나쁘게
    fast 빨리
    slowly 천천히
    softly 부드럽게
    loudly 큰 소리로
    easily 쉽게
    quietly 조용히
    well 잘

- 어디(where)를 나타내는 부사

    above ~위에
    away 저쪽으로
    here 여기에
    there 저기에
    inside ~ 안에
    outside ~ 바깥에

everywhere 어디든지

up 위로

down 아래로

- 언제(when)에 답하는 부사

    today 오늘

    yesterday 어제

    tomorrow 내일

    daily 매일

    late 늦게

    early 일찍

    before 전에

    after 후에

    then 그때

    often 자주

    now 지금

    forever 영원히

- 분장술에 양념을 가할 때(부사가 형용사를 꾸며 줄 때) '어떻게'에 답한다.

    very old 아주 나이 많은

    too short 너무 작은

not fair 공평하지 않은
really ugly 정말로 못생긴
quite handsome 아주 잘생긴

- 양념에 양념을 칠 때(부사+부사)는 '어떻게', 그 중에서도 '얼마나?'에 답한다.

    She runs quickly. 그녀는 빨리 달린다.
    She runs so quickly. 그녀는 무척 빨리 달린다.
    She runs too quickly. 그녀는 너무 빨리 달린다.
    She runs very quickly. 그녀는 아주 빨리 달린다.
    She runs quite quickly. 그녀는 제법 빨리 달린다.
    She runs rather quickly. 그녀는 그런대로 빨리 달린다.
    She runs really quickly. 그녀는 정말로 빨리 달린다.
    She runs somewhat quickly. 그녀는 좀 빨리 달린다.
    She runs extremely quickly.
    그녀는 대단히 빨리 달린다.

- 가장 인기 있는 양념은? 영어에서 가장 많이 쓰이는 부사는 무엇일까?

    not, very, too 세 개이다.

:: 부사 또한 비교할 때 변화한다.

06 알짱대는 아이들 어디 갔나?
– 전치사

앞에서 알짱대는 전치사들은 무엇이 어디에 위치했는지, 어느 방향으로 가는지, 언제 발생했는지, 관계가 무엇인지를 나타내 준다.

aboard 국외로

about 대략, 거의, 주위에, 근처에

above ~보다 위에(로), ~보다 높이, ~을 넘어(넘는)

across 가로질러, 맞은편에

after 뒤에, 나중에

against ~에 반대하여, 거슬러

along ~을 따라서, 이쪽으로, 앞으로

alongside (~에) 옆으로 대고, (~의) 쪽에(을)

among ~의 사이에, ~의 가운데에, ~에 둘러싸여

around 주위에, 둘레에, 돌아서, 여기저기에

as ~와 같은, ~만큼

at ~에, ~에서

before ~의 앞에, ~보다 전에

behind ~의 뒤에, 늦어서

below ~ 보다 아래에, ~ 미만의

beneath ~의 바로 아래에, ~보다 낮은
beside ~의 곁에(서)
besides ~외에(밖에)도
between (둘) 사이에, 사이에서
beyond ~의 저쪽에(서), ~을 넘어서
but ~외에(의), ~을 제외하고(제외한)
by ~옆에서, ~을 통해서, ~을 경유하여, ~으로
despite ~에도 불구하고
down 낮은 쪽으로, 아래로, 바닥에(으로)
during ~동안, ~사이에
except ~을 제외하고, ~외에는
for ~을 위하여, ~을 목적으로, ~에 관하여, ~때문에
from ~에서, ~부터
in ~안에(의,에서), ~중에, ~의 상태에
inside ~의 안쪽에, ~의 내부에(로)
into ~안에(으로), ~에(으로)
like ~와 같이, ~처럼
near ~가까이에, ~에 가깝게
of ~에서, ~을, ~의, ~으로부터, ~때문에
off ~에서 떨어져서, ~에서 내려서, ~에서 빠져서, ~에서 벗어나
on ~의 표면에, ~에 붙여서, ~으로
onto ~위에
out ~으로부터, ~을 통하여 밖으로, ~밖에
outside ~의 바깥쪽에, ~의 범위를 넘어

over ~의 위쪽에, ~위를 덮어, ~위로, 도처에, ~의 전부를, ~을 넘어

past 지나서, 지난 곳에, 지나쳐서, (어떤 수나 양을)넘어서

round ~을 돌아, ~을 우회하여, ~의 둘레에, ~의 주위에, ~쯤

since ~이래, ~부터

through ~을 통과하여, ~을 지나서

throughout ~의 구석구석까지, 도처에, ~동안, ~내내

till ~까지, ~이 되기까지, ~에 이르기까지 , ~쯤에

to ~으로, ~에, ~쪽에(으로), ~까지

toward ~쪽으로, ~을 향하여, ~편에, ~에 대하여, ~가까이, 무렵, ~을 위하여

under ~의 아래에, ~안쪽(내부)에, (~이라는 조건이나 상황)하에, ~에 속하는

underneath 아래에, 하부에, 밑면에

until ~까지, ~이 되기까지(줄곧), ~이 되어 비로소

up ~의 위로(에), ~의 높은 쪽으로, (흐름을) 거슬러 올라

upon = on

with ~와 함께, ~을 데리고, ~와, ~에 대하여, ~을 지니고

within ~의 안쪽에, ~의 내부에, ~이내에, ~의 범위 안에

without ~없이, ~을 갖지 않고, ~하지 않고

:: 전치사에는 여러 단어로 이루어진 복합 전치사들도 있다.

07 | 풀칠할 준비!
- 접속사

풀칠해 주는 접속사들을 잘 기억해 두면 영화를 더욱 풍성하게 만들 수 있다.

- 단어, 구, 절들을 풀칠해 서로 대등한 입장에서 붙여 주는 접속사

    Yumi and I get along well.
    유미와 나는 잘 지낸다. (여기서 Yumi와 I 는 동등한 주어임)

- 절과 절을 연결시켜 주는 접속사.

    While you do my homework, I play a game.
    네가 내 숙제 하는 동안 나는 게임을 하지.

"내가 게임을 한다"는 독립된 하나의 절이다. 여기에 비해 "네가 내 숙제하는 동안"은 혼자서는 완전한 하나의 문장이 되지 못하고 독립절을 쫓아 다닌다. 이러한 종속절은 독립절의 앞에 오나 뒤에 오나 상관없다. 즉 "I play a game while you do my homework"이라고 써도 똑같다는 이야기다.

- 한 쌍으로 다니며 풀칠하는 접속사

Both the girl and the boy are my children.
여자아이와 남자아이 둘 다 내 아이들이다.

대등한 입장 (등위 접속사)	and 그리고 for ~을 위하여 or 또는	but 그러나 so 그래서
종속 접속사	after ~다음에 as ~만큼, ~이므로 because ~때문에 before ~전에 if 만약 while ~동안에	than ~에 비해 though ~함에도 unless ~이 아니면 until ~할 때까지 since ~이래, ~이니까
한 쌍으로 다님 (상관 접속사)	both~and 양쪽 다 whether~or ~인지 아닌지 either~or ~이든지 아니면 neither~nor ~도 아니고 ~도 아닌 not only~but also ~뿐 아니라 ~이기도	

연습

다음을 영어로 써 보자.

1. 나는 슬펐다. 그래서 영화를 보러 갔다. 〈해리포터〉냐 〈반지의 제왕〉이냐 그것이 문제였다. 영화를 보는 동안 기분이 나아졌다. 그러나 나는 그녀가 나를 좋아하는지 아닌지 몰라서 슬프다.

___

___

___

___

정답 — 1. I was sad, so I went to see a movie. 'Harry Potter' or 'Lord of the Rings', that was the question. While I was watching the movie, I felt better. But I am sad because I don't know whether she likes me or not.

08 | 느낌표 부대 출동
- 감탄사

놀라움, 슬픔, 고통, 기쁨 등 강한 감정을 나타낼 때 튀어나오는 감탄사! 그렇다고 너무 자주 쓰면 효과가 떨어진다.
자주 쓰는 감탄사들에는 다음과 같은 것들이 있다.

Aha! 오래 그러면 그렇지!
My goodness! 맙소사!
Gosh! 맙소사!
Hey! 야! 얘야! 여보슈!
Hooray! 신난다!
Whoopee! 신난다!
Oh! 오!
Ooops! 이크!
Ouch! 아야!
Phew! 휴!
Wow! 와!
Yikes! 저런!
Yuck! 에그머니나!

연습

다음을 영어로 써 보자.

1. 오라, 그래서 네가 슬프구나. 에그머니나, 그렇다고 울긴! 아야, 사랑은 아픈 것.

   _____

   _____

정답 _ 1. Aha, so that's why you're sad. Yuck, you don't cry for that! Ouch, love hurts.

09 | 대문자 쓰기

다음과 같은 경우에는 단어의 첫 글자를 대문자로 써줘야 한다는 것을 기억하자.

- 문장의 시작

    There was a farmer.

- 대명사 'I'

    He said I did it.

- 고유명사

    Yongpil   Jinsil   Julia
    Kyobo Building   Seoul

- 고유 형용사

    Korean   French   Swiss

- 직책을 이름 앞에 붙여 쓸 때

    Dr. Kim   Mr. Smith
    Captain Cook   President Lincoln

- 요일, 달 이름

    Sunday, Monday, January, February
    (주의 : 봄, 여름, 가을, 겨울 등 계절은 소문자로 쓴다.
    spring, summer, fall, winter)

- 책, 영화, 음악, 연극, 신문, 잡지 등의 제목이나 이름은 주된 단어를 모두 대문자로 시작한다.

    Harry Potter & the Chamber of Secrets
    해리포터와 비밀의 방

    Lord of the Rings 반지의 제왕

    The New York Times 뉴욕 타임스

    Readers' Digest 리더스 다이제스트

- 국경일, 기념일

    Thanksgiving Day 추수감사절

    Memorial Day (미국) 전몰 장병 추도 기념일

    Choosuk 추석

    Mother's Day 어머니의 날

10 영화 종류 살펴보기

- 서술문은 주어 + 동사에 마침표로 끝난다.
- 서술문에 not을 넣어 주면 부정문이 된다.
- 의문문은 동사와 주어 순서를 바꾸고 물음표를 붙인다.
- 명령문은 주어가 항상 you가 되므로 생략하고 동사를 써 준다(강도에 따라 마침표 또는 느낌표로 끝낸다. 느낌표가 더 강하다!).
- 감탄문은 보통 서술문과 같이 써놓고 느낌표로 막는다.

다음을 영어로 써 보자.

1. 난 슬프지 않아. 내게 이래라저래라 하지 마. 내가 무슨 생각 하는지 알고 싶어? 나한테 물어 봐. 넌 좋은 녀석이야. 네가 내 걱정 하는 걸 알아.

정답 1. I'm not sad. Don't tell me what to do. Do you want to know what I think? Ask me. You're a nice guy. I know you worry about me.

II. 주인공과 액션 재점검

주인공의 수와 인칭(1인칭, 2인칭, 3인칭)에 따라 동사의 모습이 변화한다는 것을 기억하자.

play를 예로 들어 변화를 살펴보면 다음과 같다.

	단수	복수
1인칭	I play I am playing I was playing I do play I did play	We play We are playing We were playing We do play We did play
2인칭	You play You are playing You were playing You do play You did play	You play You are playing You were playing You do play You did play
3인칭	He/she/it plays He/she/it is playing He/she/it was playing He/she/it does play He/she/it did play	They play They are playing They were playing They do play They did play

- 집합명사는 일반적으로 단수의 동사와 어울리지만 뭉쳐 있는 집단의 구성원을 따로따로 이야기할 때는 복수의 동사를

사용한다.

> The team is good this year. 팀은 올해 잘한다.
> The team are selling their houses.
> 팀(팀원들)은 그들의 집들을 팔고 있다.

- 주인공이 and로 연결된 복합 주어일 때 동사는 복수를 사용한다.

> Yungsoo and Chulsoo are friends.
> 영수와 철수는 친구다.

- 주인공이 or로 연결된 복합 주어일 때 동사는 or 다음에 나온 단어에 따른다.

> Either Yungsoo or Chulsoo is the winner.
> 영수 또는 철수가 승자이다.
> Yungsoo or I am winning. 영수 또는 내가 이기고 있다.

- 부정대명사는 단수일 수도 복수일 수도 양쪽 다일 수도 있다.

단수	복수	양쪽 다
another 다른 하나 anybody 누구나 anyone 누구나 anything 어느 것 each 각각 either 어느 것인가 everybody 모두 everyone 모두 everything 모든 것 much 다량 neither 어느 쪽도 nobody 아무도 no one 아무도 nothing 아무것도 one 하나 somebody 누구, 누군가 someone 누구, 누군가 something 무엇인가	both 양쪽 few 약간 many 대량 others 남들 several 여럿 Both are right. 양쪽 다 맞다. Many are better than one. 많은 게 하나보다 낫다.	all 전부 any 누구든 most 대부분 none 아무도 some 약간, 일부, 어떤 (셀 수 있는 것을 가리킬 때는 복수, 셀 수 없는 것이면 단수.) Some of this book is interesting. 이 책의 어떤 부분은 재미있다. Some of these books are interesting. 이 책들 중 일부는 재미있다.

영어는 영화다

연습

다음을 영어로 써 보자.

1. 우리 팀은 금년에 최고의 해를 맞고 있다. 내년에는 팀이 다른 도시로 옮긴다. 그 때문에 팀원들은 모두 집을 팔고 있다. 아무도 우리의 우승을 장담 못한다. 모두 이기기를 희망하고 있을 뿐이다.

정답 _ 1. We're having the best year this year. Next year our team is moving to a different city. Because of that, the team are selling their houses. Nobody can say for sure we will win. We all just hope we'll win.

Part 5

자, 이제 모든 준비가 끝났으니 영화를 찍어 봅시다.
장면 구성을 다양하게 연구해
흥미 있는 영화를 함께 만들어 볼까요?

영화 촬영!

1. 쥐의 인생
2. 권투선수와 젓가락
3. 나의 영화

01 | 쥐의 인생

- 스케치 1 : 네 가지로 찍어 보자.

    주인공 : 쥐(rat)
    액션 : 숨다(hide)

1) 단순하게 단문으로

   A rat hid behind the door. 쥐가 문 뒤에 숨었다.

2) 분장·양념 동원

   A black rat quickly hid behind the heavy door. 검은 쥐가 무거운 문 뒤에 재빨리 숨었다.

3) 단문 두 개 연결해 중문으로

   A black rat hid behind the heavy door, and it was fat. 검은 쥐가 무거운 문 뒤에 숨었는데 그 녀석은 뚱뚱했다.

4) 주절·종속절 있는 복문으로

   A black rat hid behind the door before I could catch it. 검은 쥐는 내가 잡기 전에 문 뒤에 숨었다.

영어는 영화다

- 스케치 2

    주인공 : 쥐(rat)
    액션 : ~이다(be)

1) 단순하게 단문으로

   The rat is black. 그 쥐는 검다.

2) 분장 · 양념 동원

   The fat rat is very black. 그 뚱뚱한 쥐는 매우 검다.

3) 단문 두 개 연결해 중문으로

   The fat rat is black, but its eyes are red.
   그 뚱뚱한 쥐는 검지만 눈은 빨갛다.

4) 주절 · 종속절 있는 복문으로

   The fat rat is fast when it runs away.
   그 뚱뚱한 쥐는 도망갈 때는 재빠르다.

- 스케치 3

    주인공 : 쥐(rat)
    액션 : 마시다(drink)

1) 단순하게 단문으로

A rat drank the beer. 쥐가 맥주를 마셨다.

2) 분장 · 양념 동원

A black rat quickly drank the cold beer.
검은 쥐가 차가운 맥주를 재빨리 마셨다.

3) 단문 두 개 연결해 중문으로

A black rat drank the beer, but it did not get drunk. 검은 쥐가 맥주를 마셨으나 취하지는 않았다.

4) 주절 · 종속절 있는 복문으로

A black rat drank the beer while I was not looking. 내가 안 보는 동안 검은 쥐가 맥주를 마셨다.

- 스케치 4

    주인공 : 쥐(rat)
    액션 : 주다(give)

1) 단순하게 단문으로

A rat is giving his girl friend a ring.
쥐가 여자 친구에게 반지를 주고 있다.

영어는 영화다

2) 분장 · 양념 동원

A black rat is quietly giving his ugly girl friend a huge ring.

검은 쥐가 조용히 그의 못생긴 여자 친구에게 커다란 반지를 주고 있다.

3) 단문 두 개 연결해 중문으로

A black rat is quietly giving his ugly girl friend a huge ring, but she is not happy.

검은 쥐가 조용히 그의 못생긴 여자 친구에게 반지를 주지만 그녀는 기쁘지 않다.

4) 주절 · 종속절 있는 복문으로

A black rat is quietly giving his girl friend a huge ring while nobody is looking.

검은 쥐가 아무도 안 보는 사이에 조용히 여자 친구에게 반지를 주고 있다.

- 스케치 5

    주인공 : 쥐(rat)
    액션 : 부르다(call)

1) 단순하게 단문으로

A rat calls his girl friend cutie pie.

쥐가 자신의 여자 친구를 귀여운 녀석이라고 부른다.

2) 분장 · 양념 동원

A black rat quietly calls his ugly girl friend cutie pie.

검은 고양이가 자신의 못생긴 여자 친구를 귀여운 녀석이라고 조용히 부른다.

3) 단문 두 개 연결해 중문으로

A black rat calls his ugly girl friend cutie pie, but nobody listens.

검은 고양이가 자신의 못생긴 여자 친구를 귀여운 녀석이라 부르지만 아무도 듣지 않는다.

4) 주절 · 종속절 있는 복문으로

A black rat calls its ugly girl friend cutie pie until she hits him.

검은 고양이는 그녀가 쥐어박을 때까지 자신의 못생긴 여자 친구를 귀여운 녀석이라고 부른다.

연습

다음을 영어로 써 보자.

1. 뚱뚱한 검은 쥐가 문 뒤에 숨는다. 그 쥐는 맥주를 마셨을까? 눈이 빨개서 모두 의심한다. 그에겐 여자 친구가 있다. 다른 사람들은 그녀가 못생겼다 하지만 그의 눈에는 그녀가 최고로 아름다운 숙녀다.

정답 1. The fat black rat hides behind the door. Did he drink beer? Everybody wonders because his eyes are red. He has a girl friend. Others think she's ugly, but she's the most beautiful lady in his own eyes.

02 권투선수와 젓가락

주인공 : 권투선수(boxer)
액션 : 치다(beat), 부러뜨리다(break)

한 권투 선수가 있었다.
그는 아시아의 챔피언이었다.
그는 누구든 칠 때 고통을 느꼈다.
그는 발을 빨리 옮겨 절대로 맞지 않았다.
한번은 그가 식당에서 젓가락을 부러뜨렸다.
부러진 젓가락이 불쌍해 그는 밥을 먹을 수 없었다.
그는 체육관으로 돌아와 부러진 젓가락을 풀칠해 되붙였다.

There was a boxer.
He was the champion of Asia.
He felt pain when he hit someone.

He never got hit since he moved his feet fast.
One time he broke chopsticks at a restaurant.
He couldn't eat because he felt sorry for the broken chopsticks.
When he returned to the gym, he glues the broken chopsticks back together.

---

03 | 나의 영화

주인공 : 촬영 준비에 나온 어느 명사나 사용.
액션 : 어느 동사나 사용.

자, 이제 여러분의 영화를 촬영해 보세요.

한국어 스크립트와 영어 번역본을 만들어 다음 이메일로 보내 주시면 창의적인 작품에 기발한 상품을 드립니다.

권투선수 이야기의 마지막 두 줄도 완성하여 다음 이메일로 보내 주세요. 가장 창의적인 작품에 상품을 드립니다.

보낼 곳 : yk@campwww.com

영어는 영화다
미국 초등학교 5학년생도 아는 영문법

초판 1쇄 펴낸날 | 2005년 2월 25일

지은이 | 김유경
펴낸이 | 최윤정
펴낸곳 | 도서출판 나무와 숲

등록 | 22-1277
주소 | 서울특별시 송파구 방이동 22 대우유토피아 1304호
전화 | 02)3474-1114
팩스 | 02)3474-1113
e-mail | namusup@chol.com

값 8,900원
ISBN 89-88138-55-4 03740